AF272226

Jeder echte Heiler, den ich getroffen hab<
hatte einen sehr schweren Hintergrund.
Wenn dir deine Seele mitteilt, dass du andere heilst,
musst du dem Universum erst beweisen,
dass du dich selbst zu heilen verstehst.
Diese Initiation auf Erden bedingt den Erfolg
der wahren, göttlichen, heilenden Fähigkeit.

Kunst

ist

Überleben

ist

Liebe !

Ich habe noch nicht darüber gesprochen,
welcher Vergewaltiger in meinem Leben
Fahrerflucht begangen hat !
Aber ich war mir schon immer bewusst,
dass jetzt die Zeit dafür gekommen war !

« Heike Thieme »

MEIN LAPISLAZULI

Impressum

Der vorliegende Text wurde mit größter Sorgfalt bearbeitet. Die Publikation ist urheberrechtlich geschützt. Alle Rechte liegen beim Autor. Kein Teil des Buches darf ohne schriftliche Genehmigung des Herausgebers in irgendeiner Form durch Fotokopie, Film oder andere Verfahren reproduziert werden. Auch die Rechte der Wiedergabe durch Vortrag, Funk und Fernsehen sind vorbehalten. Bibliografische Information der Deutschen Nationalbibliothek : Die Deutsche Nationalbibliothek verzeichnet diese Publikation in der Deutschen Nationalbibliografie;
© 2024 Heike Thieme
Verlag: BoD · Books on Demand GmbH, In de Tarpen 42, 22848 Norderstedt
Druck: Libri Plureos GmbH, Friedensallee 273, 22763 Hamburg
ISBN 978-3-7693-1404-5

Dementia ?
Wie tief kann ein politisch gepuschter Lauch
die Sucht nach Aufputschmittel,
nach Stabilisator, nach Kreislaufstimulantien,
nach Lügenmaul-Schulung,
nach dem Gang ins Bordell...
vor dem Gang in die Alterspflegestelle
das noch überspielen,
dass er ein Nichtsnutz ist ?

Der Kopf aber eines Vergewaltigers ist....
wie der eines Mörders immer im Kreis,
triggert es ihn ständig, erneut zu vergewaltigen,
weil er hat keine Freunde, weniger als Feinde
weil er im Stillen ungeliebt beichtet.
"Nach jeder Tat habe ich
endlich wieder was gefühlt !"
erbärmlicher kann sich ein Triebtäter
nicht outen, nicht beichten,
was ihn zur Tat jedes mal erneut bewegt.

Heike
Thieme

Ab in die Wüste !

Ich könnte auch als Taxifahrerin arbeiten ! Es wird alles abgeliefert
der Hund bei den falschen Leuten
die Mieterin beim Diakonischen Wohnungsvermittler
das Kind beim Ex-Partner
die Psychopathin bei der Polizei
die Gitarre bei der Fundgrube
das „Tier" in der Frau mit den blauen Haaren am Ende der Straße
der „Bad Guy", der die Seiten gewechselt beim Schnaps mit der Nachbarin
die Leiche aus alten Beziehungen
die gestohlene Menge Geld aus einem Diebstahl
der Bruder vom Firmensohn, der verstorben ist
die gewalttätige Frau mit Komplizin im Banküberfall
die Oma, die sich mit Erdbeersekt besoff
der Polizist ohne fahrbaren Untersatz
die Schwangere, die sich selbst verteidigt, indem sie flieht
der Menschenrechtsaktivist, der sein Leben riskiert
die Finanzschlampe, die dem Aktivisten 5 Mio überreicht
die neugierige Stieftochter mit cholerischen Anfällen
der impotente Hausmeister als Privatermittler
der arbeitslose Bulle mit Sprachdefizit
der hungrige Hund aus der Tierspende
die überzeugte Schwester, die Pommes mag
die korrupte Nonne, die Novizinnen an Freier verhökert
der Verfolger, der sich im Fahrzeug versteckt
der Werbefachmann, der die Ex vorschiebt, um interessant zu wirken.

Ich bin Freidenker Ich fahre damit glücklich und bin zuvorkommend im nächsten Leben ! Das Leben besteht aus dem was man schon erfahren hat und der Beschäftigung sich andere Pläne zu machen. Es gibt nichts,um von Erfolg zu lernen. Alles ist aus Fehlern gelernt. Sie lachen darüber ?

Mutter Natur sagte: Lasst uns die Qualen vergeben und vergessen, es zog ihn oder mich genau nach dem Moment der Geburt dahin, Kein Menschenrecht wahrzunehmen, einem Neugeborenen seinen Frieden zu rauben, verletzt 17 lange Jahre Katastrophe, ihm Frieden von allen Seiten zu rauben, doch Desillusionierung das Leben kann leicht gebrochen werden. Tritt zu, missbrauche die Macht und lass mich dabei zusehen – ist ihr Motto.

Restriktion ! Wenn man bedenkt,
wer da draußen so frei herum läuft, dem sei geraten,
wie man einen wie diesen besser erzieht, bedenkt man wie oft angewandt
was Gewalt an Kindern betrifft, was zur Folge hat, ...
der direkte Weg zum Erfolg war versperrt !
Bedauerlich, wenn doch das "Kind" mit 60 noch nicht auf die Idee kommt,
sich dafür zu "bedanken", das "Kind" sollte erwachsen zwar beglückt,
sein Frühstück im Kerker verbringen,
das Verbringen "gemeinsamer Zeit" allerdings nicht in das Verlies,
das Wort für »Gefängnis, Kerker« kommt aus dem Niederdeutschen
und leitet sich von »verlieren« ab an Adressen, in denen die Empathie
so mühsam nicht angewandt, und der Hochverrat aus allen Löchern kroch.
Das spät geborene Enkelkind wird als Fötus bereits denunziert und geht
abhanden, Argumente gegen Gewalt an Kindern, gibt es bereits 24.000 !
Man nennt die nicht gewünschte Tochter,
die nicht als Sohn zur Welt kam,
die zu 30% Ausschuss erklärt ward,
dass der "Rest" ausreicht für Demokratie,
nun wird sie halt auch mal
gegenteilig zu "vergöttert" nieder getrampelt,
damit sie zeitlebens für alle anderen Männer
"UNGENIESSBAR WÜRDE" !

Die Story erzählt,
wir machen was für kleine Leute,
wir suchen einen neuen Drehbuch Autor,
wir machen mit weniger Geld bessere Politik,
wenn wir wüssten, dass morgen die Welt untergeht,
werd ich heute noch ein Bäumchen fällen,
wir retten in der Fantasie wie im Film die es wollen,
wie Netflix vom Feeling, will das alles sagen, "Passt gut auf Euch auf !"

Ich seh sie auch verwandt,
sie stehen im Rücken zur Wand,
sie folgen den Reben, aufzuleben,
sie erkennen keine Familie an,
sie ertragen die Last des Geldes,
sie sind geblendet in Hawaii Hemden,
sie erben nur Dinge auszublenden,
sie fallen wie Flaschen, sie ruhen sich auf Nichtstun aus,

doch ihr ausgemachter Psychopath macht allen den Sommerkompott draus,
er malte ihnen ein Drehbuch, da reden die Leute in 100 Jahren noch !
Anstelle "Ein Bäumchen pflanzen !" Die Story erzählt, „Wir machen was
für kleine Leute", das sagen welche mit der Agenda, sozial politisch oder
ganz rechts extrem,

„Wir suchen einen neuen Drehbuch Autor", das sagen welche aus der
konservativen Ecke, ich mein, das mit dem ausgesucht "Großen starken
Mann" hatten wir bereits,

„Wir machen mit weniger Geld bessere Politik", das sagen welche, die unter
Heirat nichts anderes verstehen, als mehrfach mit Brillanten protzen,

„Wenn wir wüssten, dass morgen die Welt untergeht, werd ich heute noch
ein Bäumchen fällen", das sagen welche, die selbst in Untergangfantasien
für sich allein einen Profit schlagen wollen,

„Wir retten in der Fantasie wie im Film, alle die es wollen",
das sagen welche, deren Kinder aus der Ferkelfabrik, aus den Elite Höfen,
und nicht von dieser Welt, wie Netflix vom Feeling, will das alles sagen,
"Passt gut auf Euch auf !"

Wenn mein Herz bricht und der Durst, dich zu haben, in meiner Seele
explodiert, und mein Wesen sich in zwei Teile spaltet und ich noch ein
wenig mehr sterbe, wenn ich das Gefühl habe, dass du abwesend bist, meine
Liebe, werde ich nicht mehr zurückkehren, um deiner süßen Stimme
zuzuhören, die mir zuflüstert „Der Wind, das Leben". Ich werde mich nicht
im Blick deiner Augen widerspiegeln können, wir werden... uns trennen
müssen.

Ich will kein Taxi Fahrer werden ! Moin, es gibt immer genug Gründe dafür,
weg zu müssen, wenn Leute nicht mehr finden, was sie wollen. Für diese
gibt es allenfalls noch Aussteiger Shops, um darin zu arbeiten. Das macht
mir klar, würde ich sagen, dass du zu viel gesellschaftlicher Teilhabe nichts
mehr fühlst. Selbst wenn Unternehmen ihr Feld räumen, aufgrund rechts
gerichteter Politik im Osten. Zeigt das alles ist längst kein Thema mehr, für
allein die Frauen hierzulande, oder die Alleinerziehenden, die bewusst in
Armut unterdrückt werden, die wollen immer weg. Doch diese Teile der
Bevölkerung gezielt Besitzlos zu halten, ist ihr einziger Beweggrund, zu
verhindern, dass quasi die Hälfte aller sofort das Land verlassen hätten,
würde es der Geldbeutel hergeben. Dem der es mittlerweile schafft, die
Ketten zurück zu lassen und abzuheben, dem gönne ich es mit
Auszeichnung ! Was hält einen noch hier ? Mit freundlichen Grüßen, Heike

ja was hält einen noch hier. Ich würde sagen, die kleinen Wunder. Dass das
man eben nicht resigniert und wegschaut. Mir begegnen immer wieder
kleine Wunder. Und schwups geht man wieder in eine andere Richtung.
In dem Bewusstsein, das es kleine Wunder gibt, geht man offener durch den
Tag. Ich denke mir, man bekommt im Leben nicht was man sich wünscht
oder erträumt, aber manchmal und nur manchmal ist das was wir
bekommen, wertvoller und schöner als das, was wir uns erträumt haben.

Die Kunst ist es dies zu erkennen, und das annehmen und zulassen zu können. Nimm mich zum Beispiel, da lerne ich eine Mama kennen, meine Nachbarin und die süße kleine. Sophie ist ein kleines Wunder. Und je mehr Zeit ich mit der kleinen verbringe um so verliebter bin ich. Da hatte ich letztens eine tolle Idee, na ja ich und meine Ideen. Habe meine klassische Gitarre ausgepackt und der kleinen zum Einschlafen ein paar klassische Stücke gespielt, junge junge hat klein andächtig gelauscht, das gefiel ihr ja mal richtig gut. Und sind kleine Wunder. Wir sollten öfter mal mit den Augen von Kindern sehen. Unser ganzes Denken für einen Moment vergessen und einfach nur staunen.

Genau das fühle ich in Schleswig-Holstein bereits wie du es sagst, nur die kleinen Wunder sind es bereits seit 1990, die mich hier nicht aufgehalten haben, weiter zu leben, nicht aufzugeben ! Wie du es sagst, endlich hat es mal jemand genauso verstanden, und ganz genauso wie dir begegnen mir heutzutage die jungen Familien mit all deren Babies, wie du es schilderst, weil die Kinder so bezaubernd reagieren, so offen für die Welt, spontan, lauthals, mutig, neugierig bis zum Platzen. Sie sind es, all die Kinder, die unsere Welt verzaubern, und alle ALLE daran teilhaben lassen, wenn man sie lässt, schön, dass du es genauso siehst ! Kinder sind offener für all die Wunder. Wir Erwachsenen sind häufig betriebsblind. Deswegen sagte ich in einer Mail. Erwachsen hatte ich schon, war Kacke. Ich kauf mir ein Dreirad und Straßenkreide und fange von vorne an.

Diese ruhige Gelassenheit, habe ich in der Natur gelernt. Wir sind häufig damit beschäftigt zu klagen, wo wir dankbar sein sollten. Viel zu sehr beschäftigt alles in Vernunft und Logik zu pressen. Dennoch begegnen mir auch Dinge die sich mit keiner Schulweisheit erklären lassen. Wissen ist gut aber eben nicht alles. Ich gehe jetzt die Einhörner füttern und danach Male ich die Welt bunt an, auch ich weigere mich, je noch mal den Gedanken zu fassen, eine Kirche zu betreten, eine Arbeit anzunehmen, Lobhudelei von Fremden anzunehmen, mir Ratschläge erteilen zu lassen, mich nötigen zu lassen für Arschlöcher Partei zu ergreifen, meine alten Fehler zu wiederholen, weil andere es tun, anderer Denkweise zu übernehmen,

mich in Abhängigkeit und toxische Beziehung zu übergeben, mein Wunder
für morgen zu behindern, ich werde allen einfach sagen, wann sie vor mir
bitte Abstand nehmen, auch niemals ein Auto fahren, allein schon der
Mitfahrer wegen, Auto fahren kommt von Au, da ich mir bildhaft in über
zwanzig Argumenten deren Sorgen vom Leib halten werde !
240 Mal in Nord Deutschland hat man eine Frau darauf vorbereitet,
dass man ihr vor der Geburt ihres Kindes plante, ohne ihr Mitwissen, auch
bevor stehenden Missbrauchs, das Kind entreißen wird !

LEUTE, WAS HÄLT EUCH HIER EIGENTLICH NOCH ?
Ist das ein Grund für einen Pope ?
Seinen Vatikan derart hoch zu bauen, als sei der Spanner nur interessiert,
all den ihn umgebenden Missbrauch mit eigenen Augen zu verfolgen,
die kleinen Kinderlein in seiner Obhut, auch die seine eigenen seien,
bei der Verrichtung dessen zu beobachten, durch sein großes FENSTER,
dass der Befehlshaber göttlicher Funken, endliche Genugtuung erfährt,
bis es ihn selbst vom hohen Turm hinab nachdem die Kinder selbst
im Amoklauf zur Hölle verstieß, er mit ihnen in die Tiefe springt ?

Geh die Einhörner füttern und die Welt bunt anmalen. Und wenn du gerade
keine Einhörner sehen kannst, dann mach dich auf die Suche nach dem
Kind, dann kannst du auch wieder Einhörner sehen. Und auch andere
wundersame Wesen. Das sollte heißen, deinen inneren Kind.
vielleicht find ich eine echte Baumkugel, die mich verzaubert
vielleicht find ich die Traumsteine, die ich beim Pippi hab fallen lassen
vielleicht find ich die eine kleine Wolke wieder, die schon lange nicht da
vielleicht setzte sich wieder einmal ein Adler zu meiner Seite
vielleicht ergreift mich das Kleinkind einer allein erziehenden Mutter
derart dass ich philosophiere vielleicht springt in mein Gedächtnis
eine wahrlich alte Erinnerung aus meiner Frühkindheit
vielleicht erreicht mich die Stimme eines Urahnen, in dem er mir zuwinkt
vielleicht ergreife ich den Ast, auf dem ich sitze mit einem Seil daran
und schwing mich in die Ferne ! Das wünsche ich dir alles auch, du guter
Freund und auch Lauch, den du mit mir nie gebrauchst. Liebe Grüße,Heike

Geschäftsleute auf Partnersuche, so einer stellt sich an, wie ein
Werbefachmann, der zum Kennenlernen die Ex als alte Leier vorschickt,
um interessant zu wirken ! Aber Vorsicht in dieser Partnerwahl.
Du stellst ihnen einen potentiellen Kunden dar, sie erwarten von dir nur,
dass du für ein paar Ansprüche, die du geltend machst, für alles an
Extensionen auf sie drauf springen wirst, wenn das Geschäft für sie platzt,
lassen sie dich als Fehlinvestition oder wie eine heiße Kartoffel fallen !
Schönste Lobhudelei überspielt, dass du ihnen in Wahrheit überhaupt nichts
im gemeinen Sinn gar nichts wert bist, du würdest an denen nur Schaden
nehmen, und zwar den erwünscht Allergrößten Schaden.
Die Schweden gegenüber den Deutschen verstehen sich darauf vorzüglich
und nach Strich und Faden, sei gewarnt !

Habt euch alle lieb. Ob zu rechts, zu links.
Alle haben ein Rassismus problem. Sind nicht alle in Uniformen Rassisten.
Manche sind einfach nur Postboten !
Landing ! Der Storch mag da gerne landen.
Aber mich bringt keiner mehr, in das Verlies zurück,
einer alten verlassenen Burg, aus dem Mittelalter,
gleich dahinter ein Abbruch, über den ich floh,
man sprach von ehemals Gittern an den Fenstern,
es sollte meine bestehende Bleibe sein,
mit Bescheuerten, Huren und Mörderinnen,
in das mich die Familie nach der Vergewaltigung geschmissen hat !

Einsamkeit ist nicht tödlich, mein Freund
Was mich umbringt, ist das Ertrinken in menschlichen Lügen..??
Wenn der Tod mich ergreift und wir uns nicht treffen, vergessen Sie nicht,
dass ich Sie unbedingt treffen wollte.
Wenn mir das Einhorn gewunken, dann bin ich vor ihm nie gesunken,
wenn es mir verraten, keine Angst vor mir zu haben,
weil das Einhorn gewachsen mit den Jahren,
wenn mir das Einhorn verspricht, was das Herz zu ihm spricht,
werd ich ihm meine Treue halten.

Wie endete Ihre Beziehung zu der Person, die Sie allen anderen vorzogen? _„Ich ließ ein wenig los, um zu beweisen, dass ich derjenige war, der festhielt. Und alles endete…" Ich weiß, ein Peepee endet, ein Lächeln vom Mond endet, ein Tag in Frieden endet, eine Musik mit mir endet, eine schrecklich gute Liebe endet, eine Tränenflut endet, eine Sehnsucht nach weiteren Enden.

Auf dem Bürgersteig des Lebens. Es gibt Blätter, die gelb geworden sind, nachdem sie einmal schön waren; Sie begannen von unseren Seelen zu fallen; Es gibt kein Wasser, um sie wieder zum Leben zu erwecken, und es gibt keine starken Äste, an denen man sich festhalten könnte;
So sind wir Menschen;

Egal wie sehr Ihnen die Person am Herzen liegt, bitten Sie sie nicht, Sie so zu behandeln, wie Sie es möchten, denn jede Person behandelt Sie entsprechend der Position, die Sie in ihrem Herzen einnehmen.
Hören Sie niemandem zu, der Sie frustriert oder Ihre Ambitionen schmälert.
Der dich mit seiner Aufmerksamkeit überschüttet...
Schaffe ihm in deinem Herzen ein Zuhause, das nur zu ihm passt.
Die Handlungen der Menschen verändern ihre Position in unseren Herzen.
Die Seele neigt zu denen, die Traurigkeit, Müdigkeit und schwere Tage mit ihr teilen, aber in der Freude sind alle Menschen geliebte Menschen. Es scheint, als hätten wir alle von etwas geträumt … und wären dann auf etwas anderes gestoßen. Sag denen, die glauben, dich zu kennen: "Glaube nicht, dass du tief gegangen bist, denn du bist nicht über den Rand des Strandes hinausgekommen."

Seien Sie versichert, dass die Ehe wirklich schön ist, wenn Sie auf die richtige Art und Weise heiraten.

La solitudine non è fatale, amico mio
 Ciò che mi uccide è annegare nelle bugie umane..??
Se la morte mi prende e non ci incontriamo, non dimenticare che desideravo
moltissimo incontrarti. No importa cuán cerca esté la persona de tu corazón,
no le pidas que te trate como tú quieres, porque cada persona te trata según
la posición que ocupas en su corazón.
Non ascoltare nessuno che ti causa frustrazione o riduce le tue ambizioni.
Chi ti ricopre della sua attenzione... Crea per lui una casa nel tuo cuore che
si addice solo a lui. Le azioni delle persone cambiano la loro posizione nei
nostri cuori. L'anima tende verso coloro che condividono con essa tristezza,
fatica e giornate dure, ma nella gioia tutte le persone sono persone amate.
Sembra che tutti abbiamo sognato qualcosa...e poi ci siamo imbattuti in
qualcos'altro. Di' a coloro che pensano di conoscerti: non pensare di essere
andato in profondità, perché non sei andato oltre il bordo della spiaggia.
Stai certo che il matrimonio è davvero bello quando ti sposi nel modo
giusto.

Einsamkeit ist nicht tödlich, mein Freund Was mich umbringt, ist das
Ertrinken in menschlichen Lügen..?? Der Tod steht vor mir und ist nicht
inkontriamo, ich denke nicht, dass er viel widersprüchlicher sein will. Egal
wie sehr Ihnen die Person am Herzen liegt, bitten Sie sie nicht, Sie so zu
behandeln, wie Sie es möchten, denn jede Person behandelt Sie
entsprechend der Position, die Sie in ihrem Herzen einnehmen. Hören Sie
niemandem zu, der Sie frustriert oder Ihre Ambitionen schmälert. Der dich
mit seiner Aufmerksamkeit überschüttet... Schaffe ihm in deinem Herzen ein
Zuhause, das nur zu ihm passt. Die Handlungen der Menschen verändern
ihre Position in unseren Herzen. Die Seele neigt zu denen, die Traurigkeit,
Müdigkeit und schwere Tage mit ihr teilen, aber in der Freude sind alle
Menschen geliebte Menschen. Es scheint, als hätten wir alle von etwas
geträumt … und wären dann auf etwas anderes gestoßen. Sag denen, die
glauben, dich zu kennen: Glaube nicht, dass du tief gegangen bist, denn du
bist nicht über den Rand des Strandes hinausgekommen. Seien Sie
versichert, dass die Ehe wirklich schön ist, wenn Sie auf die richtige Art und
Weise heiraten.

Ich würde, hätte ich das Geld und den richtigen Partner an der Seite,
dich verklagen, wegen Misshandlung, traumatisierende, mobbende
Verhaltensweise, verleugnende, üble Nachrede, Unterlassung der
Hilfeleistung im Notfall, die im Weg stehende stete familiäre Verfolgung,
unrechtmäßige Entlassungen, wegen unsichtbarem Mobbing am
Arbeitsplatz, dem im Weg stehen einer beruflichen Karriere,
der Aussichtslosigkeit finanziell mich zu emanzipieren,
sogar den Vertragsbruch, Beraubung meiner Freiheit,
das eigene Kind vor allen anderen geschlagen zu haben,
aber nimm es nicht persönlich, Vater !
Wer sich politisch nur äußert, um als ländliche Fickmaschine zu gelten,
also Gräueltaten in der Politik verharmlost,
der sterbende Menschen als Beifang ansieht,
der destruktive Kriegstreiber als gutes Beispiel sieht,
der Zukunft zerstörende Tätigkeiten als nützlich ansieht,
der die auffällige Dummheit der Zugehörigkeit
zum ewigen Gestern an den Tag legt,
der die Corona-Epidemie noch heute für nicht existent erklärt,
und noch heute dagegen demonstriert,
also die Aufstiegschancen in der Provinz
mit den Emporkömmlingen aus der Ferkelfabrik vergleicht,
der nur Kinder zeugte, um in der Menge aufzufallen,
und laut für Trump zu schreien,
und die Äpfel auf dem Markt zu preisen,
der kriegt von mir einen Trip als dümmster Jungfisch!
Auf dem Schild geht es darum, dass sich ein Typ für Papas Besten hielt,
und das Schild mit der Warnung „Nicht über die Füße stolpern" vergaß!

Wer nach Chaos strebt, und den falschen Gott anbetet, also auf Schulhöfen
Krieg gegen unschuldige Individuen führt, wer keines dieser Opfer schützt,
wer Tode in Kauf nimmt, dessen Vater ihre Schullaufbahn bezahlt, wessen
Poloshirt und Kapuze sich von der normalen Schuluniform abheben, wer
ihre Zeugnisse erschleicht, kauft, und sie ohne Prüfung vom Einserlehrer
geschenkt bekommt, wer zur Nachwelt gezählt werden will, Fördergelder

für freie Studien einfordern will und heute noch über die Opfer gnadenlos lachen muss, der bleibt in der Menschheit ein ewig zu bemitleidender Heuchler, der von den Eltern der Opfer und Zeugen davon nicht mehr ernst genommen wird ! Wenn ein Siebenling mit sieben Schwestern erkennt, dass alle anderen sieben, wie sie selbst, ihren eigenen Gedanken erliegen und nie dieselben bleiben, ihren eigenen Weg gehen und dabei andere Menschen lieben, wissen wir, dass es nicht die eine Wahrheit gibt ! Ich möchte meinen sieben Doppelgängern nicht zur selben Zeit am selben Ort begegnen !

Ohne Hoffnung, ohne Traurigkeit
Er hält den Kopf gesenkt.
Müde kauert er an der Mauer.
Müde sitzt er da und denkt:
Wunder werden nicht geschehen.
Alles bleibt, wie es war.
Wer nichts sieht, wird nicht gesehen.
Wer nichts sieht, ist unsichtbar.

Schritte kommen, Schritte gehen.
Was sind das für Menschen?
Warum bleibt keiner stehen?
Ich bin blind und du bist blind.
Dein Herz schickt keine Grüße
von der Seele ins Gesicht.
Hörte ich deine Füße nicht,
würde ich denken, du existierst nicht.
Komm näher! Setz dich, bis du spürst, was Blindheit ist.
Senke den Kopf und senke die Augenlider,
bis du weißt, was dir fremd war.

Und jetzt geh! Du hast es eilig!
Tu, als wäre nichts geschehen.
Aber den Satz bedenke: "Wer nichts sieht, wird nicht gesehen."
- Erich Kästner -

Organisierter Missbrauch !
SOLCH eine Idee musste erst mal „geboren werden" !
DIE KIRCHE stellt zur Verfügung,
und verharmlost, vertuscht bis heute.
DAS AMT liefert die Kinder aus,
und andere Missbraucher verdienen.
DAS GERICHT bewilligt WILLKÜR,
und Anwälte die alle zusammen abwinken.
DIE MÜTTER müssen zusehen,
und die MENGE dieser SCHANDTATEN,
relativieren sich darin,
den MÜTTERN die Schuld zu zuschieben.
DIE MISSBRAUCHER der KLEINKINDER,
handeln in der REIHE,
dass man von KINDESMISSBRAUCH
in der WEISE hinter dem VORHANG gesehen,
wie bei MORD -
nicht mehr von AFFEKT die REDE hätte,
würde man den KINDESFÄLLEN
eine Aufmerksamkeit geben !

Wie sagen sie ?
Die armen Kinder im Land, kein Existenzrecht haben,
kein Geburtsrecht zu gestanden, kein Schutz vor Gewalt,
kein Recht auf die eigene Mutter,
kein Grundgesetz zu deren beider Schutz,
aber die Garantie...verpfiffen, und Schlachtung,
K.O. Tropfen und ab dafür, einmal im Leben zumindest
Missbraucht zu werden, so klein wie es ist,
und sich nicht wehren darf, kann, wird, ... oder was auch immer,
wir sind alle angesch....Was sagt die Kirche heute noch ?
Was ist das für ein Land, sagt der Pädophile, nur aus "LIEBE"
so man außerdem keine Freude haben kann ?
Ran an die Frauen.

Sexismus von allen Seiten.
Deutsches Handwerk Mobbing.
Den flachen platten Brief
"Sozialarbeiter" gaukeln.
Die K.o. Tropfen stets im Sack.
Das kleinste Nachplappern,
das Referat im Sack,
und du darfst dich immerhin
"Sozialarbeiter" nennen.
Dann hast du den Freibrief,
selbst alle vom platten Land,
platt denunzieren zu dürfen !

HINTERLASSENSCHAFTEN
Wie geht eine Requisite zu ersteigern,
wenn es aus Bequemlichkeit den nächsten Fick,
wer will, im Dritten OG, Zi 2755, um 14:00 pm gibt ?
wie geht heute noch Corona zu leugnen,
wenn mancher das schon vier mal hatte ?
wie geht vor dem Papst die Hose zu öffnen,
wenn der ganze Bums drum herum steht ?
wie geht eine düstere Tür zu öffnen,
wenn sie nachhaltig noch nie geöffnet war ?
wie geht ein Weirdo Leben zu gestalten,
wenn noch bei Muddi und Vaddi zuhaus ?
wie gönne sich einer Stumpfsinn,
wenn es dem anderen nur zur Unterhaltung dient ?
wie geht ein Adler Paar zu entdecken,
wenn du platt nur
den Wald vor lauter Bäumen nicht siehst ?
wie geht ein gesunder Vogel zu dir sprechend,
wenn er in Wahrheit nur dein Onkel ist ?

Ich habe gestern ein Einhorn gesehen. Ein Einhorn! Wir gingen nach draußen, um zu sehen, wie das Einhorn da draußen aussieht. Als wir draußen die zweite wirklich zuverlässige Frau mit ihrer schönen kleinen Tochter und ihrem Hund trafen, die zweite, der ich vertraue. Als sie anfing, über das Thema paranoide Frau und ihre Sprache und Taten zu sprechen, eine, die sie ganz in ihrer Nähe kennt, als ich ihr und der Tochter gerade die genaue Geschichte erzählte, um unseren Blick auf solche zu vervollständigen, endete ihre Sprache eher in faschistischer paranoider Sprache und die hier ist eher psychopathisch und hasserfüllt als Nachbar. Also waren wir insgesamt wieder sehr solidarisch. Die ersten beiden Einhörner, die ich langsam besser kennenlernte, nenne ich die beiden Töchter zweier alleinerziehender Mütter, ich mag sie und sie reagieren immer tolerant und vertrauensvoll mir gegenüber, ihre Töchter sind meine ersten beiden Einhörner. Dann saßen wir gestern hier drinnen in der Hundeecke und ruhten uns aus, während ich fast anfing, wirklich negative Gedanken zu hegen, aber so wie sie es immer tun, um mich zu schützen und die wahre Seite des Lebens zu verstehen, nicht um zu denken oder den Verstand zu benutzen, bekamen wir wieder Besuch von einem großen jungen und wunderschönen Schmetterling im Zimmer. Ich wusste, dass sie dieses Jahr kommen würden, am Tag zuvor umringten sie auch mich, meine lieben Gefährten.

Von da an begannen Mable und ich, das kleine Wunder zu beobachten, und ich sagte zu ihr: „Weißt du, mein Baby, was wir daraus wieder gelernt haben? Dass es immer gut ist, auf dem positiven Weg zu bleiben. Wir beide bleiben ohne gewalttätige Gedanken, dann die Fee und Wunder zu sehen, dieses kleine Einhorn zum Beispiel, es sah fast aus wie ein kleiner freundlicher Vogel." Und Mable liebt Vögel. Ich sagte ihr, sie solle einem Schmetterling, der uns wieder besucht, nichts antun! Sie ist mein brillanter Hund, der meine Worte immer versteht, und sie weiß, dass sie diesen Besuch mit Sorgfalt behandeln muss. Sie ist fast 100 % gewaltfrei, meine Liebe, und heute habe ich mir endlich die Ruhe bewahrt, wieder einen neuen Gedanken zu einem neuen Buch zu fassen, habe gerade angefangen, es wirklich aufzuschreiben, und es funktioniert.

Ich kenne auch solche Leute, von Zeit zu Zeit, der als nächstes nach Schweden einreisen will, mit dem angerichteten Schaden, sagte er, das könnte passieren, wenn er an dem Punkt ist, an dem er nie wieder nach Deutschland zurückkehren und mehr in der Wildnis leben möchte. Deshalb teilen Schweden nie viel mit deutschen Freunden, die sie besuchen, sie finden ihr eigenes Land viel besser und nutzen uns eher als entfernte Freunde. Nur die Dummen, die so eine kindliche Märchenvorstellung haben und sich des Fantasie landes der Wikinger bewusst sind, sind wirklich schwer beeindruckt, wenn sie sich von dieser Lüge täuschen lassen. Wir müssen es so verstehen. Aber wir alle kennen solche Erfahrungen auch im Rest der Welt. Ob wohl gilt, dass die Deutschen lernen, nie etwas von außerhalb der Grenze zu wünschen, oder wir sind am Arsch.

Ich weiß, wenn Menschen sich kindisch, egoistisch und egozentrisch verhalten, dann verletzen sie gleichzeitig andere stark. Menschen auf diese Weise einzusperren und dann fallen zu lassen, ist fast schon ein typisches Verhalten der US-Amerikaner. Die Kopie Amerikas haben wir natürlich seit der industriellen Revolution, aber oberflächliche Menschen werden die Deutschen nie als solche kennenlernen, nicht im wirklichen Leben, weil sie es nie geschafft hätten, die Grenze übers Meer zu überqueren. Ja, wir Deutschen verdienen uns meist nur eine weltliche Freundschaft auf eine oberflächliche Art und Weise. Lasst uns das so beibehalten. Ich kann mich nicht über ein Niveau und eine Tatsache ärgern, die mich an den Kindergarten erinnert.

Wenn Sie mit einem Gedanken in Trauer, Kummer und tiefen Schuldgefühlen gefangen sind, wird es nicht alles besser machen, wenn Sie nur den Einsamen in sich selbst bestrafen würden. Wenn Sie es täten, würde niemand davon profitieren. Sie als Einzelner sind nicht das System, nicht die Gesellschaft in einer Person, nicht die kulturelle Sicht aller. Stellen Sie sich eine Person wie Sie vor, und Sie hätten die Garantie, dass es auf der Welt mindestens sieben andere gibt, die genauso aussehen und sind wie Sie, aber Sie hätten selten die Chance, sie alle gleichzeitig an einem Ort zu treffen. Aber da jeder von ihnen sicherlich seine eigenen individuellen

Gedanken und Liebe für andere hat und seinen eigenen Weg im Leben geht, können wir NICHT alle gleich gut oder schlecht sein. Deshalb ist es besser, immer positiv zu denken und andere nicht mit Negativität zu quälen und Menschen für tot zu verurteilen, wenn Verluste eintreten.

Vielleicht wollen die Frauen hier gar keine Kinder mehr zeugen !
Vielleicht wird es Zeit, dass man dem Schwein mal beibringt,
wie es ordentlich verliert !

DIE ABBILDUNG EINES JESUS in deren AUGEN IST NUR
SCHWARZ - WEISS ! Dein Wort in Gottes Ohr.
und dann immer schön ran an den Speck.
Ich wusste von dem Wortlaut, in dem ich schwanger
von dem seltsamen Kerl, Sektierer und Psycho angeschwärzt
beim Amt .... "man mache sich Sorgen,....
um eine Frau mit DEM Lebenslauf, die in der Tat vielleicht eine Gefahr
für andere darstellt oder fürs Kind, oder etwa obdachlos würde !"
da sagte die Frau Brandt vom Amt "ja, durchaus in der Tat verdächtig, wer
weiß wie hart man da durchgreifen und all dies verhindern solle" doch der
Kerl grinste und sagte, "also eine Gefahr in dem Sinne stellt sie nicht dar,
aber danke für den Tipp !" man muss nicht verwandt sein .... um …..

Die Gesellschaft mag vorteilhaft gewesen
aber im Alltag unterstützte die Frauen niemand
bei kritischer Haltung landeten sie im Gefängnis
sie lebten wie in einem großen Baum, der in Wahrheit keine Wurzeln hatte,
keine Heimat mehr erkennbar auf der Karte, die Menschen kannten die
DDR als... das gleiche Bild, erfahren
auch bei Kindern und Frauen „der Stümper",
die sich zur Zeit des Mauerbaus rüber machten,
zwecks Karriere und der Bequemlichkeit für die Zukunft,
um im Westen einfach ihr Unwesen zu treiben...
auch deren Kinder sahen die Herrschaft jener Patriarchen,
wie die von Honecker gleichsam erdrückend und auch....

grau – nivelliert – egalitär – monoton, wo die Frauen unterschiedlich sind ringen um Gleichberechtigung, wo nur zum Schein die Gleichstellung bestand.

Ich habe gesehen, wie der Hintergrund dieses verdammt kranken Huhns übermächtig ist, dass sie mich aus dem einen oder anderen Hauptgrund hasste, weil sie älter wurde und noch keine richtige Familie hatte oder sich zu Menschen zugehörig fühlte, mich dann in positiver, nachbarschaftlicher Freundlichkeit mit meinem Hund sah und eifersüchtig darauf war, dachte, der Neid gehört Leuten, die ein richtiges Leben hatten, anstatt ihr. Sie war nicht mehr jung, fühlte sich nicht mehr kindlich jung, fühlte nur einen starken Hass. Als ob dieser Drang, das auszutreiben, sie dazu brachte, endlich den Grund zu geben, dass dieses Chamäleon über mich log, dass ich sie verfolgte, aber es war andersherum, in den Tagen und Nächten, in denen sie mich heruntermachte. Sie weiß jetzt, dass sie KRANK ist und echte Hilfe braucht. Das waren mindestens sechs Versuche des Vermieters, sie zu beruhigen. Dann standen sechs Mal insgesamt zwei Polizisten vor ihrer Tür, also zwölf. Dann ließ das Gericht sie wegen ihrer paranoiden Beleidigung von mir bei der Polizei eine Summe von 1000 Euro zahlen, und die Polizei hatte am Telefon großes Mitleid mit mir, dass ich das ertragen musste. Dann folgten sechs Briefe von Vermieter Vorstand, auch auf meinen Brief an sie. Und schließlich bekam ich an diesem Morgen, als ich Termin bei meinem Anwalt hatte, diese eine einzelne Therapeutin im Flur mit ihr zu fassen, mit der ich kurz und deutlich sprach, dass diese neun Jahre andauernde Terrorisierung JETZT aufhören müsse, sonst würde sie von mir hören! Und an diesem Ende, und nach weiteren Wochen Terror, diese einige Tage länger noch Verantwortung zustande kam, und sie verstand schließlich, was sie dort tat, es war ein paar Mal ein Zeuge hier, und er sagte, wenn sie noch einmal von vorne anfangen würde, würde er wieder Zeuge sein. Sie hatte seine tiefe Männerstimme am frühen Morgen gehört und dann hat das endlich den Anstoß gegeben, aufzuhören. Es sind in beinah allen Wohngegenden die Mietervereine mit der Diakonie im Einvernehmen, dass die in durch sie angemietete Wohnungen schwer psychisch behinderte Fälle einmieten in völlig normale Wohnhäuser, egal wie das ausgeht.

Hier sind Szenen rund herum. Das ist schier untragbar, vielleicht hat das Huhn da jetzt Chlamydiose, ist etwa letzte Woche mit einem Syrer ausgegangen oder heult mit 50 immer noch, weil sie die 10. Klasse nicht geschafft hat !

Der stets außer Atem,
ihm fehlt die Ruhe,
der überall der Checker,
ihm gönnt sich keine Muse,
der nichts auf sich zukommen ließ,
ihm steht die Mühe ins Gesicht geschrieben,
der mit Vollgas auf alles zufährt,
ihm mangelt es an der Hingabe,
er zeigt minderwertig Energie oder Liebe,
ihm reißen sich stets Vorschläge in die Pause,
er will immer was zu tun wissen,
ihm stehen angeblich alle Türen offen,
er wirkt aber vermessen
ihm geht es nur um den Nabel herum
er hätte es nicht als spontane Idee gesehen,
ihm werde ich nicht glauben,
er würde Berge für mich versetzen !

Hat sich in Deutschland jede welche Frau,
einmal den Gedanken gemacht,
auf absolut totale Empathie arme Weise,
einem verschnörkelten Antrag hin, dem Mann einzuwilligen,
aus 10.000 Kilometer Entfernung, so einen zu heiraten ?
Das ist wie sich zum Getränke Automaten
runter stilisieren zu lassen, der gerade mal umgefallen ist,
den aber nur der Eine, nach einer Stunde herbei kommend,
die Erlaubnis hat, dich wieder aufzuheben ?
Und das nur, weil er dafür bezahlt ist ???

Ich lass dich auch gern zu Wort kommen !
Wann entscheidest du wie immer selbst,
lieber Freund, hast ja mit Freunden genug am Ball.
Das ist das mindeste, dass man machen kann,
sich als Westi USA, bei Europäern anzubiedern,
zu begreifen, dass es hier den Begriff "Drei-Viertel-Zwölf" gibt.
Aber SIE KÖNNEN ES NICHT !
Dann sollen wir aber immer deren Superkleber sein,
den jeder US Bürger gut für all seine Zwecke benutzen kann.

Tyrannen Mord !
Ist immer die Elite Schule ein Hort höchsten Missbrauchs ?
Die in ihrer Gier von Persönlichkeiten dreifach Sponsoring abverlangt.
Den Missbrauch aber damit vertuscht,
dass Kinder eigentlich noch, kuschen müssen,
Metzger gemäß, armselig lieber andere tötet,
und das Wahre verschleiert, bis ein Kind ermordet ward,
den Wortlaut seit Holocaust kennt jeder auch noch heute :
"Es ist eigentlich kein schlechter Mensch und
da er Junge Menschen benutzte, ist nur weil seine Verführung diente,
es hätte alles so schön sein können, wär der Tyrann nicht hier gewesen,
dieser Täter war zu mir immer gut."
ich habe heute ein wenig an meiner Formulierung gefeilt, das bringt
Schleswig mächtig auf den Punkt, denn so ein perfider Kindertod ist in den
Augen unserer Mütter ein Mord, und das wird nie vergessen werden !
der perfide Trick solcher Köpfe war, einfach ein paar Kinder in der Schule
in den Selbstmord zu treiben, aus Spaß, und alle sehen es, aber keiner tut
etwas, bis nur einer von ihnen, ein dunkelhäutiger, erst 10-jähriger, getötet
wird, um alle vor allem die Armen von diesem Tag an zu warnen, dass arme
Leute, die allein bildende, kritische und menschliche Leute in der Schule
nicht mehr wollen, seht ihr, EIN TOTER? Das wollt ihr in Zukunft für eure
Kinder? das war die plötzliche Gründung der zukünftigen neuen Eliteschule
in unserer Stadt Schleswig und mein Sohn war derjenige von ihnen, der
glücklicherweise überlebte.

»Denn die einen sind im Dunkeln,
Und die anderen sind im Licht
Und man siehet die im Lichte
Die im Dunkeln sieht man nicht.«

Guten Morgen alle zusammen.

- HEIKE THIEME - YLVA -

"For some are in the darkness,
And others are in the light
And those in the light are seen
Those in the darkness are not seen."

Good morning everyone.

Wir gingen, ohne zu wissen, wohin der Weg führte. Wir vertrauten
Menschen, die keine Freunde oder Angehörigen hatten. Wir dachten, wir
wären an einem sicheren Ufer gelandet. Aber es waren Illusionen, um die
Tage zu vergessen.

Das Schlimmste am Verrat ist, dass er nicht von einem Feind kommt.
Der Verrat, der ins Herz geht.
Das ist der Grund,
warum der stark empfundene Schmerz,
dich von innen aushölt,
und dich töten würde,
das Grau um dich nicht mehr sehend,
das Lachen der Welt nicht mehr hörend,
das Gesprochene nicht mehr spürend,
die Tränen anderer nicht mehr ahnend,
doch die Bahntrasse,
vor die sich zu werfen .... so nah !

Das Leben ist wie der Mond. Manchmal findet man ihn voll und hell und manchmal leer und dunkel.

Ein Verräter ist jemand, der Ihnen ins Gesicht lächelt.

Der Anfang ist für alle und die Fortsetzung für Helden. Wir vertrauen auf unsere Stärke, ohne zu prahlen, und wir respektieren die Stärke anderer, ohne sie zu fürchten.

Jedes Leben besteht alltäglich von Neuanfängen,
doch gefangen sind wir alle,
es immer wieder an anderen Orten erneut zu erleben,
wobei die Frucht an Büschen dir täglich wieder den selben Tee bereitet.

Der Roman endet immer mit einem Abschied von der Person, für die man gekämpft hat.

Versuchen Sie nicht, alles zu verstehen, denn zu viel Licht macht Sie blind. Es sind die Farben im Licht für die aller meisten nicht mal erkennbar ! Wählen Sie auf dem langen Weg jemanden, dessen Gesellschaft Sie nie müde wird, denn die Begleitung ist wichtiger als der Weg.

In den arabischen Ländern schaut man dem Zug zu, das eigene Leben und die eigene Jugend verschwinden vor den Augen, und man kann nichts tun.

Wählen Sie auf der langen Reise jemanden, dessen Gesellschaft Sie nie müde wird, denn der Begleiter ist wichtiger als der Weg. In den arabischen Ländern schaut man dem Zug zu, sein Leben und seine Jugend verschwinden vor seinen Augen und man kann nichts tun.

Es ist ja auch wie... schöne Männer wirds immer geben
auch wenn wir gerade auf sie zu, sie mustern uns erfreut an ihnen,
kennt jeder doch den Schalk, da diese in einer Frau Leben
niemals blieben !

Ich wollt ihn nie den VORZEIG WETTBEWERB
Hab mir das nicht ausgedacht, aber welcher Freundes Arm bitteschön
legte sich um die Schulter ? Doch keiner, der mich küsste,
mir die Verlobung veröffentlichte. Und noch geringer die Chance,
vor allen die Hand runter auf den Bauch legend,
verkündet, ein Wunder ward bald geboren, im kommenden kalten Winter
ist das kein geringer Lohn, wer also mit Freunden gern Strip Poker spielt,
nach dem Motto, wer gewonnen hat, darf wieder was anziehen.
Tja, nun da ich in meinem Alter, alter Falter hätt immer noch keiner
die Chance mich derart REINZULEGEN ! HAHAHAHAHa

Stell dir einmal vor, die Liebe sei irgend ein fremder Mensch,
dessen Nacken du auf offener Straße nächtens küsst ?
Würde es dich denn nicht auch irgendwie elektrisieren ?
Schuf in dir zum Morgen eine Erinnerung von Rock'n Roll ?
Wer dies Privileg im Leben genießt, dass ihn ein Mensch mag,
weil es eine Verbindung gibt, beider Kind von beiden erwählt,
der wird vielleicht am selbigen Abend
noch vor dem Zubettgehen erkennen,
vielen im Leben fehlte es an genau dem Einen,
dem Einen Kuss im Nacken nur !

Nicht ich bin es, die sich für andere auszieht,
aber ich bin es, die andere nackisch macht,
dann diese malen will, und nicht der zu sein,
der sich für andere nackisch macht. Warum will das keiner verstehen ?

Worum geht es eigentlich, Ihr Leute ?
Geht es um die Zukunft, die Eurer Kinder noch ?
oder geht es um die Unschärfe in Relation der Liebe ?
haben die Menschen es begriffen, es würde wahrscheinlich jetzt
jeden Tag etwas wärmer, soviel wärmer, bis die Leute es nicht mehr merken,
dass sie darin vielleicht den Verstand verlieren, dann ihr Hack für Spagetti
vegan, nur noch ohne Fleisch kaufen müssen ?

Alle Geschäfte gehen bald unter.
Alle Geräte werden kaputt gehen.
Banken werden untergehen.
Kinder werden nie mehr zurück kommen.
Mädchen lassen sich gern retten,
Jungs sind gern die Mädchen retten,
vor deren Eltern selbst die Sprache ablehnen,
gerettet vor der Muttersprache,
wollen Mädchen eine andere lernen,
perfekter sein als die eigenen Worte beherrschen,
irgendwer besonders gewandt sein,
in einer Sache, die die Herkunft abstreitet,
an sich selbst runter zu sehen, und das ohne Scham zu äußern,
dass dies einem selbst keinen Abbruch tut, man nennt es altern.

Europa ist ein genialer Ort. Europa ist alt.
Kein Fundamentalisten hort. Wir müssen nicht auf alt machen.
Wir müssen keine Wurzeln suchen.
Wir finden auch anderswo wie im sogenannten ""Westen"
gar keine Wurzeln, weil es die dort gar nicht gibt !

Die Musik besteht nicht aus Tönen.
Sie ist die Lücke zwischen den Tönen.
Die Persönlichkeit ist nicht existent.
Sie ist nur gar keine Neuerfindung.
Sie ist keine Irritation des anderen.
Sie ist keine Rechtfertigung vor anderen.
Sie ist nicht Aufforderung sich zu erklären.
Die Persönlichkeit ist nur die Summe dessen,
was wir im Einzelnen tun, und die Verbindungslinie dazwischen,
sie ist niemals fix, sie kann sich immer verändern,
sie existiert nicht, sie bedeutet nichts, das ganze Universum existiert nicht,
wieso sollte dann etwas Lächerliches wie eine "Persönlichkeit" existieren ?

Ich habe gelernt, dass Kohle schwarz ist
und dass sie sich nicht ändert,
wenn wir sie wiederholt waschen.
Ich habe gelernt, dass Vorstellungskraft davon abhängt,
wie weit Ihr Verständnis reicht, wie gut Ihr Einfühlungsvermögen ist,
wie stark Sie Ihre Solidarität zeigen, wie deutlich Sie Ihre Meinung sagen,
wie tolerant Sie gegenüber Kritikern sind, wie ausgeglichen Sie sind
und wie willkommen Ihnen die Schwachen sind.

ALLES GUTE ZUM GEBURTSTAG, FREUND!

HALTET DEN BALL FLACH !
Ich hab geträumt, dass die Leute in Schleswig, die sich als die Vornehmsten,
Wikinger Insider, Alt ein gesessensten, Angesehenen, am Integrierten Hebel
stehen, ... in Wahrheit ein Haufen junger Leute sind, die Angeber der Stadt
sind, die im Hintergrund betrachtet so sehr von sich eingenommen, dass alle
ihnen dienen müssen, und als faule feine Leute, nur ihre Zeit in Muse
verbringen, sich langweilig zurück gezogen nicht mal deren Mahlzeit selbst
zubereiten, weil sie sich das Essen von "Essen auf Rädern" zu bringen
ließen. HAHAHA in der Tat, sie gehen auch mit Taxi los zum Restaurant .....
zum "Essen auf Rädern" ! Das ich nicht lache !!

Gehst gern deiner Arbeit nach.
Nur wer das tut, soll wieder gehen.
Gehst mit Elan dies fleißig an.
Nur für dich und das Kind.
Gehst ruhig und gelassen einher, grüßt einfach jedermann.
Gehst unumwunden bescheiden, den Red Flags sichtbar aus dem Weg.
Gehst nicht an Freunden vorbei, teilst auch den Humor mit denen.
Gehst allen mit Balance entgegen, nichts schwarz-weiß sehend.
Gehst dem Geburtstag bis zum Abend der feurigen Sonne sie grüßend,
so wozu das Ganze,
mich zu ignorieren ?

Alle Jungen sollen rufen
"Wer bietet uns wieder Anoraks,
in khaki grün gefüttert schlicht ?"
alle werden sicher mit Begeisterung
sich in den Missbrauch stürzen....

Alle Mittelständischen rufen
"Schatz, machen wir Partnertausch !"
das mittlere Alter fing damit an,
als es wusste, der Sex nicht mehr knallt.

Alle im Altertum sollen rufen,
sehen wir elegant der allgemeinen
KOMPETITION zu und werden besoffen,
referenziell steht auch die
WASCHMASCHINE dazu still !

Ich hab keine Lösung ! ohne Moos soll ich spenden ?
Wie kann einer ewig leben ? ohne Weisheit keine Lösung.
Was ist der Tiefschlaf ? dental ist das nicht zu lösen.
Wie man bei Königen immer sagt, statt Beiß Schiene,
ist es immer nur die Scheiß Biene ! - da soll man drüber nachdenken !

Hast du es nicht auch satt ?
Wenn dir das Universum ständig in die Suppe spuckt ?
Dass dir das Schicksal ständig ins Gesicht lacht, aber nicht auf die nette Art?
Dass dir Steine nicht nur in den Weg,
sondern auch noch in den Schuh gelegt werden ?
Dann mach dich bereit, dein Leben von Grund auf komplett zu verändern.
Aber diesmal zum Guten !

So wahr der Einwanderer ins Rheinland blickt,
der sagt, dass es im Krieg seines Landes Geschichte
ähnlich Ansehen genießt, aber schlimmer !
So sehr die Frauen passieren, sie übers Rheinland fliegt,
sind nur Wurst bemmen zu sehen, und Handwerker, Container,
nächtlich leuchtende Straßen, Hängende am Galgen, und Tot gesoffene,
die du triffst bei jeder Hausbesichtigung, aber schlimmer !

Ach, Herrje, wurde ihnen zuzutrauen unterstellt,
dass ein selbst gemachter Jogurt sich bei mir mit Selbermachen verband !
Die Vater Stasi Show vermittelte, dass es klassisch zuging,
und ich kein Privileg genoss...
Der Dreck sammelte sich nicht bei mir gab es im Zimmer nichts.
Die "Geschlossene Gesellschaft" gab es nicht, nicht mal namentlich,
weil ich keinen Zimmerschlüssel hatte.
ABHEBEN von anderen schier nicht machbar.
Aber AUF und DAVON war die Devise !
Nun, komme mir keiner mit ÖKO !

Frag nicht nach dem Beschützerinstinkt !
Frag den Wolf, der den Raum betritt.
Der Wolf betritt einen erleuchteten Moment.
Heiße ihn willkommen, aber frage ihn nie: Wer Du bist ! Wen Du magst !
Denke an nichts ! Du bist nichts Besonderes !
Einzigartig ist das Nichts des Universums !
Verstehst du, wie viel Gewalt nötig war, um so sanft zu werden?
Ja, es heißt, man solle die Gedanken in jedem Moment beruhigen und öfter
Leere und Liebe teilen und darauf vorbereitet sein, dass Wunder dann in
einem Moment erscheinen, in dem man sich bewusst ist, dass dieser
Gedanke vielleicht nicht nötig ist. Dann muss man darüber nachdenken.
Und es am besten laut aussprechen.

Das ist LIEBE ! - Heike Thieme - Ylva -

Ihr Leute,
Ihr seid doch so gut in Vorstellungsvermögen....
nun wäre Krieg, gingt Ihr hin ?
zu viel Tote von Lebenden, Liebenden, die Seienden
nun wäre keine Arbeit, wie lief der Drucker ?
keine Stimmung schwankt, das Vermögen stagniert,
nun wäre Arbeit, und keiner ging zur Arbeit ?
sich nicht mehr ausgebeutet fühlen will !
Stell dir vor es ist eine Menge zu tun,
Arbeit vorhanden, und keiner ist da,
nun weil die Politik sieht dran vorbei !

Schön ....
nicht wahr ?
Erst reißen sie das Kind
aus dem Wochenbett,
machen es vor den Augen
beinah kaputt,
landet in Scherben dann vor mir,
damit man mir kollektiv danach,
eine Schuldigkeit rein mobbt,
weil es galt nur MIR !!!
würd ich sagen, entspannt EUCH
wir landeten 27 Jahre in
WAGEN 33
der Weg ist das Ziel
ein LEBENSGEFÜHL
mal ein bisschen raus zusehen,
meditieren ist mir geblieben,
entgiften, Arbeitspause suchen,
zu 34,8% Leuten wie mir gibt man keine Arbeit mehr !
KOMMT NICHT GUT AN – WIE DIE BAHN

Aber Entspannt Euch schön damit !

Volltreffer ! MENSCH ÄRGERE DICH NICHT, ist nicht mein SPIEL !
Ich wollte immer sagen, dem Prinzen kann man's
niemals nicht recht machen, erst schickt man dem zur Feier
den Pfeil in die Mitte seiner Augen, gibt noch Wein dazu aus,
lacht ihn nicht mal dazu aus, erklärt ihm dabei den eigenen Geburtstag,
während dessen die Lichter um sie alle aus gegangen sind,
.... und kein Prinz dankt Dir das !
Der Vogel muss dann abwinken. Er muss bei Papa und Mama wohnen.
Er schläft nachher in Mama's Bett. Er hört NIE WIEDER Glocken läuten !
Dabei hat er doch für alle Glockner geheißen !!!

DIE DISSOZIALE GESELLSCHAFT, behandelt uns so!
Sie werden dafür keinen Thron mehr bekommen.
Ihre eigenen Frauen laufen weg, und davon,
dass die Leute keinen Kommentar hinterlassen,
und das ist natürlich wohlverdient !

Ich hoffe, Sie genießen den Tag auch, denn ich bin so froh, dass ich jetzt
nicht mehr die Steuer prüfen und das eigene Haus, die Rechnungen und so
organisieren muss. Dass ich noch in dem Alter bin, in dem ich meine
eigenen Sachen online lesen kann. Und dass ich nicht der einzige bin, der
völlig links ist in der Familie.

WIR ALLE WISSEN, DASS PIRATERIE IN DIESER ZEIT in die
Geldbörsen der Älteren gehört.

Unsinn hat es genug. Universum zu wenig. Gott nichts von übrig.
Gut sind nicht alle, die Hoffnung birgt, dass nicht jeder der Millionen
nur das A-Loch an sich wähnt, ich aber habe nichts zu bieten
außer Lachen, das schwappt über stellenweise selbst im Ruhezustand
dann berstend implodierend, weniger dann als Wasserfall
denn wenn das, dann fallen zum Lachen die Tränen
also Sinn hat die Welt
KEINE ! - HEIKE THIEME - YLVA -

Eine direkte Nachfahrin der deutschen Frau in der Nähe wohnhaft
ist derart vermeintliche Lesbe, dass sie das völlig übersieht,
ihr männliches Gehabe, dröhnend, abweisend, und laut
gleich dem Mann, und doch im versteckten Christin,
und der Beweis, in ihrer Selbstliebe der eines Mannes,
schläft sie sogar mit zwei Männern, liegt sie mit dem einen gerade im Bett,
mischt sich der Mann in ihr dazu. Auf welche Art, denkt sich der Nachbar
drum herum wenig verständlich, kann einer dem Partner noch fremdgehen ?

Die atemberaubenden, die schönen hiesiger Frauen,
als die das Beste überhaupt, die distanzieren sich immer gerne,
die haben so den Traum von SÜDAMERIKA !!!!
Dort suchten sie sich einen HUND aus der WÜSTE aus, stecken ihn ins
Flugzeug hierher, demonstrieren ALLEN wie einmalig sie deswegen seien,
deshalb noch ein Tätoo auf ihr Brustbein von wachsenden Urwald Ranken,
plus ein apart einmalig unnahbarer Blick,
dass ich derart LACHEN muss, dass ich dabei die HOSE verlier...
und man trifft sie genau da ein zweites mal, und dann NIE WIEDER !!!!!

FÜR LEHRER; die schon das DENKEN als eine KRANKHEIT sehen !
Politik will Lösung liefern.... kleine dicke Jungs zu den Soldaten,
pubertär den Kindern was motzen, dass Waffen ihnen Tür u. Tor öffnen,
die morbide, pummelige Scheinidee der Waldorfkinder
sich ein Indianerleben basteln, sich versprechend, tanzende Kinder werden
es richten, die glatzköpfigen 60'iger heute rechts, die bekifften Lehrerkinder
heute links, die Lehrer am Rande allen Geschehen, sagen zu Grausamkeit ab
Kindergarten, immer gegen Einzelne, Schwächere,
"Je weniger wir sehen, ... je weniger wird geschehen !"
Lesen Sie mich nicht, wenn meine Worte, die einen Waldbrand löschen, das
Feuer in Ihrem Herzen nicht löschen können.
Lesen Sie mich nicht, wenn meine Worte, die ein erloschenes Feuer wieder
in Flammen setzen, keinen Funken in Ihnen entzünden.
Lesen Sie mich nicht, wenn meine Worte, die einen trockenen, rissigen
Boden wiederbeleben, keinen Spross in Ihrer Seele erwecken.

Weißt du, wie es ist, ein brillanter, gutaussehender Typ zu sein? Er ist oberflächlich, manipuliert durch das Aussehen und ist machthungrig. Er missbraucht aus Liebe, lässt sie alle wie heiße Kartoffeln fallen, ohne Ende, selbst wenn die Leute dabei fast sterben. Er ist weg, einfach weg, und Ströme von Tränen, Ängsten und fließendem Blut hinter seinem Verlust, und eine wunderschöne Person kam und ging einfach, so wie sie es tun, nur weil sie es können. Kommen und gehen. Er bittet fast um Geld, um gefickt zu werden, so sehr ist seine Selbstliebe. Er verspricht jedem, was er hören will, seine Wünsche und Bedürfnisse sind einfach, direkt über seinen weit aufgerissenen Augen, die auf der Vorderseite zu sehen sind. Er berührt dich und dann den dummen Fall, zu dem du gehörst. Ein CHAMÄLEON in der Liebesatmosphäre. Ich bin nicht dumm, darauf hereinzufallen, versprochen! Davor hätte ich mich in ein Schönheitstier verliebt, würde meine Mable mein Zimmer betreten und mir tatsächlich den Fickfinger zeigen, wie sie es wirklich einmal getan hat, hihi. Das war der erste echte Schock seines Lebens. Es ist lustig zu sehen, wie ein beschützender Labrador deines Herzens hereinkommt, während dein Hund in sein kleines Halsband stolpert und diese Pfote sich darin verfängt und immer fester zu mir hält, während der zweite andere versucht, mich zu täuschen. Er sagte, er sei anscheinend mit dem Wolf zusammen und der Wolf hätte gefragt, wer er sei, er sagte dem Wolf nur „Ich bin ein Freund des Löwen" und versuchte, mich zu täuschen. Aber er wusste nicht, dass ich genau in diesem Moment meditierte und mich wie ein Wolf fühlte, mit einem erleuchtenden Bewusstsein von Frieden in Gedanken und Licht im Kopf, als mein Hund mit seinem kleinen Problem in den Raum kam. Also antwortete ich sofort auf den dummen Versuch: „Und der Wolf war sich eines erleuchtenden Moments bewusst, als der Hund in der Person meiner eigenen Mutter hereindrang !", sagte ich ihm, und diese prompte Antwort in die andere Richtung zerstörte seinen Wunsch, meinen Wolf herabzusetzen.

Das war wieder und wieder ein Schachmatt.

Gute Nacht und schlaft gut, Freunde! Und ich verspreche euch, dass ich in meiner eigenen Haut zu Bett gehe und nicht so tue, als wäre ich jemand anderes, wenn ich morgens aufstehe, oder mir die Lüge erzähle, dass ich ein neuer und besserer Mensch wäre, nur weil ich aufgewacht bin! Haha, das war gut, wenn ich manchmal nachforsche, was ich in meinem nächtlichen Traum dachte, stimme ich voll und ganz zu. Wir müssen unsere Veränderungen nicht erzwingen, sie treten jeden Tag innerhalb weniger Stunden auf.

Hebe deinen Kopf, deine Feinde beobachten dich, mein Freund.
Am Ende bleibst du nur noch du selbst, also pass auf dich auf.....!
...Die Zeit heilt alles... Aber!...Die Hälfte der Aussage ist wahr und die andere Hälfte ist falsch. Die Zeit heilt nicht alles..! Es ist nur so, dass...man mit der Zeit lernt, den Schmerz zu ertragen. Die schlichte Wahrheit ist, dass der Planet keine erfolgreicheren Menschen braucht. Aber es braucht dringend mehr Friedensstifter. Es gab Tage, da wünschte ich mir, dass mich jemand unterstützen würde, und sei es nur aus Höflichkeit. Dies sind die gleichen Tage, die mich gelehrt haben, alleine aufrecht zu stehen.

Nichts ist es wert,
Ihre Lieblingsbeschäftigungen in harte Lektionen umzuwandeln !
Niemand nennt ein Kind hilflos.
Keine Familie nennt eine Person verlassen.
Kein Hasser nennt eine gute Person böse.
Die Zahl Elf wird euch das alle lehren.

Die Schlüssel zu den Herzen haben keine anderen Kopien … Wenn Sie es verlieren, wissen Sie, dass es geschlossen bleibt. Für immer in deinem Gesicht... Ich bin es, der nach jedem Sturz aufsteht und aufsteht, als wäre es... Ich fordere das Leben, die Umstände und die Verzweiflung heraus.

Ich bin derjenige, der sich um meine Emotionen kümmert.
Ich bin derjenige, der meinen Garten gut behandelt.

Gerade vor sehr dummen und unfreundlichen Leuten habe ich nicht die aller geringste Angst mich zu wehren. Welche, die andere feige einschüchtern, sind auch welche, die die Freundlichkeit in der Nachbarschaft nicht besitzen, die nicht lernten davon abzurücken, einzelne Passanten nicht zu bedrohen.

Das, liebe Leute, üben fette, alte, dumme Säcke !

EINSCHÜCHTERN, UNFREUNDLICHKEIT, BEDROHEN
Die Familie hat immer einen auf dem Klo sitzen. Einer muss es sein.
Es bin ich nicht, die einarmig auf der Bühne umfiel.
Ein Ferienhaus auf der Insel ist verflogen. Es ist ihr Wille nicht.
Eine Mutter wie mich samt Kinde einzuladen.
Ein Fest in der Familie, das nicht ist.
Erst würde eine Tante aus den Wolken fallen.
Einer Schwester in Scham begegnen für Übermut.
Ernsthaft wollt keiner ihr begegnen.
DER FAMILIE auf IHREM FEST !
Nimm's einfach.

Ich glaube,
die Prostitution gibt es nur, als Blaupause hinzu sozusagen,
weil es dicke Tanten gibt, mit Perlen um den Hals,
den Choleriker im Gepäck,
die Untergebene schikaniert,
die höchsten Sex per Annonce abverlangt,
die zu spät gekommen war,
die jeder Auszubildenden in die Nase beißt,
die Unterordnung abverlangt,
die schleunigst Leute entlässt,
die im Auftrag für die Romanze dient,
die daraus gut Geld verdient,
die andere schön machen lässt,
und ihrem Pudel stets Wasser bietet.

Alle wollen Jungfrauen sein.
Alle Alten wollen jung bleiben.
Alle befürchten frigide Tendenzen.
Alle wollen Alles gern umsonst.
Alle scheuen sich vor der Jugend.
Alle halten Faulheit für unromantisch.
Alle besorgen es nur sich selbst.
Alle befürchten allein ihre Dekadenz.
Alle halten die Aussage
kompetenter Leute für Konkurrenz.

Die Frau steht vor dem Gigolo,
er meint, es ist normal, das erste mal,
wir stehen beide hier, und sind nervös,
wir wissen beide nicht, ob es geht,
wir werden sie immer "erste Kundin" nennen,
und jede wird eine "Pretty Woman", hihi
was die Geschäftsfrau von heute betrifft,
sieht er das total spontan und relaxed.
Wenn Sie sehen, dass einige Menschen über Ihren Verlust lachen, wissen
Sie, dass Sie sie oft zum Weinen gebracht haben ...
Die Erhöhung des Status eines Menschen liegt in seinem Realismus, dem
Wissen um seine Grenzen und dem Erkennen, wo er ist und wann er ist ...
Den Haken in ein Meer mit rauen Wellen werfen, das ist Vertrauen. Lange
darauf warten, etwas zu bekommen, das ist Geduld. Und wenn man nichts
bekommt, ist das Zufriedenheit, sagt der Philosoph. Das Leben verlangte
nicht von uns, stark zu sein, es zwang uns dazu. Die Wahrheit zu kennen ist
immer noch das Schwierigste in diesem Leben. Ein Gespräch mit einem
weisen Mann ist besser als 10 Jahre Bücherstudium !
Jeder wird dich verraten ... sogar die Frau, der du alles gegeben hast, die
Frau, für die du gekämpft hast, um ihr ein wundervolles Leben zu
ermöglichen, wird dich plötzlich in einen riesigen Friedhof verwandeln und
dir den Rücken kehren, die Frau, die du nicht zu kratzen fürchtetest, wird
dich ohne Gnade und auf schreckliche Weise in Stücke reißen.

Ich kenne die Frau, die mich betrügt.
Ich kenne die Frau, die mich abweist.
Ich kenne die Frau, die mich bestiehlt.
Ich kenne die Frau, die mich kratzt.
Ich weiß, dass die Frau sich von mir abwendet.
Ich kenne die paranoide Frau, die gegen mich kämpft.

Aber ich hatte davor nie Angst.
Sie sind alle kranke Menschen.

In uns. Alte Städte, deren Bewohner fortgegangen sind und Bilder und bleibende Erinnerungen hinterlassen haben. Sie nahmen unsere Seelen, unsere Stimmen und unser Lachen und wanderten aus. Sie ließen die Fenster des Wartens weit offen. Sie hinterließen Stille in unserer Stadt ... und Traurigkeit in uns entwurzelt unsere Seelen ...!

Ich kenne auch solche Feiglinge. Sie verbergen die Wahrheit ihres Lebens, ihre Mütter verleugnen, Suche nach Helden, und fallen zurück, dann kommen zurück gekrochen, die das Kind im Inneren finden, schließlich 25 Jahre später, und sich dennoch als Helden fühlen, lassen ihren treuesten Freund in Ruhe, und machen Werbung für ihre stolze Tapferkeit.

Tun Sie so, als würden Sie den Menschen vertrauen, aber das tun Sie nicht. Alle Vögel haben ein Zuhause zum Schlafen, mit Ausnahme der Vögel, die Freiheit praktizieren. Sie sterben außerhalb ihrer Heimat. Und wenn Sie aufwachen, stellen Sie fest, dass Ihr Geist lacht, Ihr Herz weint und Ihre Seele verloren ist ...!

Etwas tut mir weh, das ich nicht kenne. Und vielleicht weiß ich es, aber ich liebe es. Sei nett zu mir, Leben.

Im Dunkeln ging ein Paar vor mir, ich vermutete, es seien zwei Männer oder eine Frau, als sie laut aufschrie, und ich kannte ein Liebespaar, ihr Mann machte einen Witz. Dann, als ich weiterging, scherzten ich, dass wir harmlos seien, und sie sagten, dass Liebende normalerweise auch harmlos seien, so gut es jeden Tag besser wird. Dann sagte ich, auf diese Weise ticke ich nicht wie ein hartnäckiger Konservativer, der sein tägliches Motto hat, jeden Tag ein besserer Mensch zu werden. Aber ich bin mir dessen bewusst und lasse diese Leute glauben, dass ich ihnen allen vertraue, aber das tue ich nicht. So wie ich als erwachsenes Wesen weiß, dass ich den anderen nicht vertraue, dass ich für sie kein besserer Mensch sein muss. Das ist sicher die große Illusion des Vertrauens, nur weil man sagt, dass es so ist, dass man sagt, dass es sicher ist. Haha, niemals so, es ist ein Sprichwort der Red Flags, alles in allem Lügner, Feiglinge und Heuchelei, während sie sagen: „Vertraue dir, halten die Faust in der Tasche und zählen, ob das Geld noch da ist, nein, zuerst ist das Geld sicher, sie alle wissen, dass Passanten sie töten würden, wenn sie wüssten, dass da welches in der Hose wäre, lustiges Bild, diese reichen Kumpels und Weiber, mit Verlust in der Hose, aber in der Tasche ordentliche Dollars. Ausgleich: je weniger Sex, desto größer die Geldbörse.

Es macht allerdings mehr Spaß, mit dem eigenen Geschlecht zu spielen. Das Geld reagiert nicht auf dieselbe Weise. Einfach nur kindischer Spaß, ach, man weiß ja nie, wenn die Leute genug Geld haben, könnten sie alle hundert Kicks und Trigger und Fetische füttern, aber es klingt ein bisschen krank, die Kicks und Trigger mit Geld zu füttern, als wären die Leute ein automatischer, Sex auslösender Roboter. Manche sind das fast, aber das wissen Sie ja schon. Mit Kicks und Triggern gefüttert, werden sie fetter und gieriger, fast alle psychischen Probleme machen sie fett, und ich frage mich immer noch, wie die Jugendlichen so fett werden.

Ich sehe die Tendenz zur Bildung, die schlechteren Lehrer, die miesen Schulen, die schlechte Ausstattung, die Drogen auf dem Spielplatz, die legalisierten Drogen, das beschissene Smartphone, die geringere Konzentrationsfähigkeit, die Eltern, die es ignorieren, ihren Kindern zukünftige Fähigkeiten beizubringen, die Eltern, die die gesamte Bildung einigen wenigen Pädagogen überlassen, die geringere Disziplin, dem Unterricht zu folgen, den geringeren Respekt und die Gereiztheit von allen

Seiten, den Lärm in der Schule, die Tyrannen, den Wettbewerb, besser zu sein. All dies lässt sie gierig werden und sie wollen immer mehr und arbeiten nicht einen einzigen Tag. Wenn das so weitergeht, geht der ehrenwerte Gedanke der Gewaltlosigkeit verloren, das Bewusstsein, aufzuhören, Schaden anzurichten, die Solidarität unter den Menschen wird geringer, das Gewissen gegenüber allem Bösen wird verschwinden.

Zeit, sich auszuruhen und ein wenig zu entspannen. Ich sehe den ganzen Tag arme Menschen auf der Straße und an jeder Ecke Kranke, gedankenlose Alte, die auf der Straße herum trotten, und grausame, wilde Nachbarn, die das Privileg haben zu arbeiten, oder Kampfhunde an der Leine Süchtiger.

Um den richtigen Weg zu finden, musst du dich erst einmal verirren.... Wenn Löwen freundlicher werden, werden Hyänen frecher....Kämpfe für deine Träume und deine Träume werden für dich kämpfen ...Heutzutage züchten sie Hunde in Heimen und Kinder auf der Straße ... Es wird der Tag kommen, an dem Sie erkennen, dass das Umblättern einer Seite das schönste Gefühl der Welt ist, denn Sie werden erkennen, dass in dem Buch viel mehr steckt als die Seite, auf der Sie hängengeblieben sind..!

Ich wollte sagen, dass mich alle enttäuscht haben und dass ich vor allen außer dir Angst habe, aber du hast mich im Stich gelassen, bevor ich es dir gesagt habe. Wir liebten das Leben und wollten so leben, wie wir wollten. Sie hat uns betrogen und mich gezwungen, so zu leben, wie sie es wollte.

Wenn ich ein Junges war, die von ihr verstoßen,
mich zu mehren unter anderen, die auf der Straße lebten,
dann trug ich einen Hut, und der Rock und den Pullover,
den ich mit den Fingern strickte, und las in Büchern von allem,
oft die besten Bücher verschenkte, wie man mich als junge Frau,
als Kind sogar an die Straße "VERSCHENKTE"

Ich werde, das werde ich dir versprochen haben, niemals draußen vor
Leuten, die sich zu meinem Feind erklären, den Kopf senken, weil ich
spüre, wie sie mich beobachten. Ja, das klingt doch gut, in vielerlei Hinsicht,
wie ich es schon erwartete. Ich aber denke mir, wie du das im Einzelnen
anstellst mit Auswandern und einer kleinen Mami mit Kind ? Da der
Mensch aber zeitig die richtigen Ideen hat, da bin ich mir ganz sicher, gönne
dir das und den Leuten. Hat auch was, dass es einer anderen Mami, die
allein steht, einmal anders ergeht als mir, die nicht mal dazu bereit wäre,
noch in diese Welt ein Kind zu setzen.

Die Frauen allein erziehend stecken in der Gesellschaft ohnehin einfach
hilflos fest, das ist kein schönes Gefühl, als wollte die Bürokratie und
sämtliche Arbeitsbelegschaften, der Frau von jedem einzelnen ausgehend
ihre "Lehre" erteilen, dass sie trotzdem am Ende gedemütigt und ohne
Arbeit steht. Zum Dritten kommen sie dann mit so viel Mobbing,
als wollte dir damit der Wille gebrochen werden, dann dich mit einem
Schuldgefühl zusammenbrechen sehen, und dies als "Bekehrung"
bezeichnen, wie wenn sie dir, aus jedermanns Spaß, Verlogenheit, und deren
Heuchel heraus, ihren ganz persönlichen Stempel aufsetzen, nur um sich
von deren Maläse abzulenken und was zum Lachen zu haben !
Ich wollte dir sagen, dass mich alle enttäuscht haben und dass ich vor allen
außer dir Angst habe, aber du hast mich im Stich gelassen, bevor ich es dir
gesagt habe. Wir liebten das Leben und wollten so leben, wie wir wollten.
Sie hat uns betrogen und mich gezwungen, so zu leben, wie sie es wollte.
Die Schlampe, die sich unsere Mutter nannte.

Die kleinen Mädchen, die ersten, die der Sohn heimbringt,
in der analen Phase, also Essen, in der naiven Phase, also Kummer,
in der Sehnsucht nach dem Prinzen, also ab mit ihr ins Theater,
in der Gier nach Anerkennung, also lass sie Statements abgeben,
egal wie schief sie liegen, sonst eins aufs Dach,
weil dann gibt es nur noch Schnitzel.

Ich stand nicht vor den Kerlen wie ein kompletter Idiot.
Erst heute erinnere ich mich an sie wie es in der Schule war.
Es musst nicht mal einer gestorben sein,
wie leicht es fiel mich zu kontaktieren ?
Es war nie die Rede davon, sie mich für die schönste der Klasse hielten.
Egal, es sind bereits 60 Jahre ins Land gegangen, was soll ich für so
plötzliches Interesse, was für solidarische Anfragen halten ?
Es nannte einer mich als Schwester,
da seine zweite Frau, ein Leben wie ich hatte,
und sagte, ich mag unter uns schöne Tage,
in den kommenden Jahren haben !

Ich weiß, ein Kind signalisiert dir immer in jedem Ausmaß das an
unermesslicher Liebe, weil du gut zu ihnen bist und sie versorgst.
Mein Kind kam zur Welt am Kieler Strand, aber er mir nur in aller Brutalität
entrissen wurde, bis heute hätte ich mir das nicht mehr vorgestellt, wie ich
glückliche Stunden mit Söhnchen Klein am Kieler Strand verbracht hätte.
Ist wohl auch zu lange zurückliegend. So wie er mir schwor, dass er mit
keinem Schleswiger mehr das Geringste zu sprechen hat, außer mit seiner
Mutter. So geh ich davon aus, dass ich mich nie wieder mit Leuten aus der
Kieler Szene anfreunden werde, nachdem sie mich da denunzierten. Gut so,
dann freu ich mich. Ich war immer der Meinung, wenn der Freund von ferne
erst mal Schwedens Luft schnuppert, sei dieser für die kommenden Jahre ab
vom Hof. Es ist besser auszuhalten, im Wissen, dass dem so nicht ist.

Nimm einer Mutter das Neugeborene und misshandle beide,
dann entreiße ihr die Mutterschaft, und stell sie als DUMM dar,
dumm genug den Mächten ausgeliefert, und spreche ihr die Intelligenz ab,
sprich sie schuldig, unfähig, ungeeignet zu Arbeit oder Mutterschaft,
stiehl ihre Ruhe, überwache ihren Gang, und nenne es gesellschaftlich
einer super intelligenten Frau das sogenannte "Intelligent - Gen"
einfach abzusprechen, um sie bis aufs Äußerste zu quälen !
TEST - WANN wird sie ausflippen ?

Die Wahl haben im Land, ist in etwa wie die Mutti vorschicken,
die allen das Rohr putzt,
die dem Militär den Hintern versohlt,
die einer Freundin alles
aber auch alles an den Kopf wirft,
die eine Tochter vorgeschickt,
die noch dümmer als Mutter,
die Beleidigung als klassisch sieht,
die sich durch frisst und weg wirft,
die nur im positiven Sinn das Wort "GEIL" zutreffend sieht,
wo ein kleines Fotobild an der Wand hängt.
HIGH FIVE ! ... solche Muttis rennen los, machen falsche Rede
in der Nachbarschaft breit, breiten sich derart aus, als gehörten sie zur
Klientel, wie man ihr bereits sagt, Kindern gleich aushelfend...
"Leute, die es unbedingt brauchen, ganz dringend nötig haben, sich zu
denen gesellend, die etwas mehr Aufmerksamkeit für sich brauchen !" ...
wer sein Kind für so jemand hält, ihn oder sie peinlich damit outet,
entsetzlich "sein Kind" lächerlich macht.

Politik heute zeitgemäß kühl gesagt schwache Töne für dünne Inhalte
modisches Durcheinanderwirbeln, heute Wahl und morgen nicht gefragt
Pop Up - Parteien ohne Konstante aufgestellt und singt Lieder des anderen
die "LIGA liberalistischer Liberaler" kurz "Lol", Partei für "die Fußballer",
die Partei mit der "Glanzfigur sozialen Denkens", die "Katzenbaby" Partei
Einer will "Den Liedgesang" parteiisch vertreten, Ego-Techno-Anwalt-
Ärzte-Song, einer will "Den Rhythmus"als Klerikale-Botschaft-Rhythmic
dance, einer will "Die Steuer-Botschaft"als bürokratische kubistische
Leiche, die "Drei" von ganz oben, die "Drei" Jahre daneben regieren, die
"Könige" der erfolglosen.
Die Gesellschaft muss die Finanzen im Griff haben ! Heute braucht man
Geld. Bringen Sie Ihren Kindern das Schwimmen bei.
Weniger Wasser, hohe Kosten. Baden in französischem Mineralwasser.
Keine Schwimmnudeln mehr. Kinderspiel mit Delfinen im Becken
und Fußpilz das Statussymbol !

Sie verspielt Lebenszeit in Müßiggang. Sie ist teilweise ein Möbelstück.
Sie muss stolz auf eine Hoheit sein. Sie gehorcht SEINER Liebe.
Sie glaubt an leere Komplimente. Sie geht und macht Platz für eine andere
Sklavin. Sie legt sich mit keinem Mann mehr an.
Wie in Ländern ganz systematisch: jeder Dorfdepp beteiligt
dem Backfisch, der heiligen Jungfrau, dem Aufsteiger Mädchen,
in Podcast, Influencerin, den Dorfschönheiten Mafiöse Vereinigung - geh
nur in die Disco ! sexuelle Belästigung - geh nur arbeiten !
Verletzung der Menschenrechte - heirate nur einen Mann !

820-1 DIN NORM

Man hat's, Man kann's, Was man hat, Weil man's kann
der Arbeiterklasse gegenüber der stigmatisierten Bevölkerung

     1. Alles muss Lüge sein,
     - vorgetäuschtes Interesse
     - angebliche Allergien
     - verlorene Unschuldsvermutung
     - verachtende Menscheneinschätzung
     - verminderte Arbeitsbereitschaft
     - geheucheltes Opferdasein
     - angetäuscht das Geburtstagsdatum
     - kolossale politische No-Go Äußerung
     - Versuch sich Feinde, statt Freunde zu machen
     2. Im Hinterhalt Verletzungen zufügen
     3. Jemand blamieren in offenkundiger Attacke
     4. zur Feier die Kinder anderer mit Steinen bewerfen
     5. ohne Hemmung die Kolonialistischen Zeiten rühmen
     6. Mit den Eltern wohnen bleiben
     7. Schwimmen, wenn nur im Strandbikini, aber nicht ungechlort
     8. Vorführung behinderter Familienteile
     9. Abspaltung von der normalen Nachbarschaft
     10.Verrohung im Ausdruck, Einschüchtern durch aggressive Hunde
     11.jung, gegen Kirche, alles im Befehlston
     12.Stümperhafte Selbstüberschätzung

« Bei der Zusammensetzung der Arbeitsausschüsse
muss der Grundsatz berücksichtigt werden,
dass die interessierten Kreise in einem angemessenen Verhältnis
zueinander vertreten sind ! »

SL-H...10.09.2024, HEIKE THIEME – YLVA

BUTTER BEI DIE FISCHE !
Wie wäre Herr der Ringe gewesen,
wenn die Alleinerziehenden ....
aus Alt mach Jung machen täten,
an jedem Ort festkleben würden,
an jedem Job Ablehnung empfinden,
an jeder Anmache die Arme heben,
an jeder roten Flagge, die Titten raus,
an jeder Heiratsannonce die Augen auf,
an jedem Geschenkbrot die Beine breit,
an jedem Sex Strohhalm die App geladen,
an jedem Kinderfilm das Kino aufsuchen,
an jedem Würstchen die Kinder feiern,
an jedem Zahnarztgang die Zähne blecken,
an jedem weißen Gesicht von Panik sprechen,
an jeder Einladung Mitgliedschaft erhoffen,
an jeder die eine Whatsapp Peep Show draus machen ?

DENK FLAUTE !
Letzter Mensch ohne Podcast !
Keine App erwünscht 2011.
Mein erstes Smartphone 2021
im Alter von beinah 60 Jahren.
Sorry, wer Kinder erzieht, wer Arbeiten will,
wer Verantwortung hat, wer Ideen hat,
wer nie therapeutische Hilfe brauchte,
dem sei auch dringend davon abgeraten !

ICH HAB LEICHEN GESEHEN !
Arzt im Kittel, der kann schütteln,
dein Wort zu Redmann, bist beseelt Mann,
schau auf und glaube, bist keine Maschine,
nimm es auf und sei Lauge, der die Zeit dir raubt,
er sitzt die Stunden ab, spielt Monopoli am Strand,
duftet na klar, nach den Malediven,
liegen am Schwimmbecken die Diven,
Schwimmnudeln sein Kinderspiel,
französisch Mineral im Pausenzimmer,
Der EID DES HIPPOCRATES, er schwört auf die TOTALE WAHRHEIT
der DOKTOR heute braucht keinen Apfel,
der Apfel am TAG erspart euch den Doktor,
drum Leute, lasst die ÄRZTE und schwört auf euer eigenes Wissen,
Ihr habt es ALLE ! FANGT AN ZU DENKEN !

Blonde Girls sind nicht von Bond. Sie fielen vom Himmel.
Ferkelchen von der Fabrik.
Daddy's reiches Mädchen.
Nur mal so da, ganz allein.
Sieht in anderer Leben hinein.
Nur ganz Latte, letztes Jahr mal Single.
Steht auf Sportliche.
Sie stellt Deluxe eine Kluge Wahl.
Der Rest der Welt kann sie mal.
Will Dich als Prinzen frei vom Fleck.
Weg von der Theke penetrieren.
Weil sie sexuell atemberaubend ist.
Steht nur für Dich auf dem Fleischmarkt.
Sie isst nur vegan, versprochen.
Sie kennt so viele Follower, strengt an.
Sie muss sich in seinen Armen erholen.
Der Preis ist heiß, wer jetzt nicht zugreift !
Der hat in ihren Augen längst verloren !

Genau,
erst stehst du völlig außer dir
in einer traurigen Zwischenwelt,
dich beinah verlierend,
und solch ein Glück,
dass man teilte,
steht vor dir und sieht dich an.
Glück kann Leben retten !
Ganz richtig,
erst investierst du in Kinder,
schenkst ihnen gute Träume,
bis sie dir als Einhörner wieder
entgegen rennen !
Exakt,
erst fühlst du die Freiheit um dich,
dann geht dir eine Frau entgegen,
ein Zwilling deiner Mutter,
ihr reuiger Blick geht dir durch und durch,
das Glück diese Frau ist jünger,
und in der Tat die Glückliche,
die Bescheid wüsste,
die dich nicht verraten hat !

Wenn diese Situation in Ihrem Land eine solche Gefahr für unabhängiges Denken darstellt, ist es, wie Sie sagten, jetzt auch für Sie an der Zeit, sich fortzubewegen, zu lieben und in Freiheit und für Ihre Ideale zu leben. Die Liebe macht mir Angst. Lassen Sie mich diese Chance nutzen, wir können lernen, uns einig zu sein, eine Bindung aufzubauen. Ich weiß, dass es Regeln gibt, an die ich mich auch halten möchte. Ich möchte mich nicht Ihrer Zärtlichkeit und Liebe unterwerfen, unter keinem Wasserfall mehr leben, und kann aufgrund meines Lebens die Nähe nicht mehr ertragen. Was die heutige Erziehung erfordert, ist das Wunder der Freundschaft, der Ergänzung, der Solidarität, aber nicht die Suche nach Schutz bei anderen. Sie sind eingeladen! Ich habe ein neues Buch, das bald in englischer

Sprache erhältlich ist – „Loyalität von einem wieder!"
Das deutsche Buch – „Die Sieben Wunder!" Dies ist mein
emanzipatorisches Buch über eine alleinerziehende Mutter, die denkt, sie
könne sich ihren Lebensunterhalt durch Taxifahren verdienen, und dann will
sie ihre Isolation allein mit ihrer Tochter verlassen, und sie knüpft die
brillantesten Kontakte, während sie ihren Tag mit dem Auto verbringt, und
bekommt Hilfe von guten Freunden bei der Betreuung ihrer kleinen Tochter.
Ich liebe dieses Buch. Ob ich derjenige sein werde, der am Ende das größte
Glück hat, einen treuen Verleger zu finden, um mein Werk in der
Öffentlichkeit bekannt zu machen, weiß ich nicht. Aber die Leute wünschen
es mir! deutsche Sprache - Dies ist die Geschichte des seltsamen Mannes
auf der Straße, ganz nach meiner Version, sie wird derzeit vom Verlag
online gestellt. „Yerba Santa". Heute hatte ich eine vage Idee von der
zweiten Geschichte, an der ich arbeite, die Geschichte des Mädchens, das in
der Wüste aufwächst. Auch daraus wird bald ein Buch. Bald werden es 123
Bücher sein, einschließlich der englischen. Ich hatte seit zehn Jahren keinen
Urlaub mehr, oder fünfzehn? Und davor... vor fünfundzwanzig Jahren?

GUTEN MORGEN !

Die Menschen in den Städten stehen und arbeiten ständig, als wären sie
unter der Erde, was in ihnen den Wunsch, die ständige Sehnsucht, Fantasie
und das Verlangen nach dem sonnigen Teil des Lebens draußen in der Natur
weckt, und in der Natur zu sein bedeutet, dass man jeden Tag so viel Lärm
und Stress ertragen kann, aber sehr ausgeglichen und stabil darauf reagiert.
Um die Massen von Demonstrationen und freier, offener Meinungsäußerung
abzuhalten, um die Justiz in eine Parteijustiz zu verwandeln, die der Rechten
hilft, oder zumindest um das Grundgesetz eines demokratischen Systems zu
zerstören. Sie verursachen ununterbrochenen Stress, um die Menschen von
der wirklichen Politik fernzuhalten. Es war nur der Versuch, eine
Gesellschaft im Norden in ein Wachkoma zu versetzen, sie mittels Injektion
in ihren Körper einzusperren, und dann auch mit Sedierung vom Atmen
abzuhalten !

KOMA - EXPERIMENTE

Eine kranke Person, normalerweise in Therapie, ich denke, sie hat vielleicht einen starken Verlust oder keine starke Realitätswahrnehmung, aber genug davon, dich über lange Zeit zu demütigen. Sie ist von vielem abhängig, Medizin, Ärzten, Therapie, Essen im Freien, sie hat vielleicht sogar ein großes Häkchen im Sinn, aber abhängig von so vielem, dass sie meinte, ihren Lebensstress auf meinen Rücken zu runter zu spielen.

Dieses Experiment will die Öffentlichkeit verunsichern ... Eine Person ist nicht verpflichtet, Ihnen zu zeigen, welchen Stress sie durchmacht, damit Sie sie in Ruhe lassen. Und wenn Sie mich zufällig treffen, rennen Sie nicht weg, denn ich werde Sie nicht bitten, also solche in mein Leben zurückzukehren. Ich möchte, dass Sie sehen, dass ich noch lebe und es mich nicht getötet hat ... das besagt grüßend, Ihre Trennung !

Alle seid Kinder, denen man was angetan. Allen mal das Förmchen weggenommen. Niemand mehr, der Enttäuschung erleben will.
Allen die beste, die einfachste Lösung präsentieren.
Wem soll Leben noch als Prüfung gelten,
wenn das 1x1 schon siebzig Jahre zurück ?
wenn die Hässlichen mit Ellbogen, bereits unlängst als Selbstständige,
als Handwerker, als fromme Windelwechsler,
als Dienstbare für den Staat ihr Soll erfüllen,
einfach mit Zitter-Euter ihr Vorstellungsgespräch
und mit Auszeichnung am Nerv der Zeit entlang,
die Arbeitsamen aus der Bahn kicken sollen,
wofür die Auszeichnung gedacht, nicht für LEISTUNG,
wer hätte das gedacht, großartig, meine Güte, phänomenal !
Ohne Konkurrenz, Tricks und Geschäftssinn,
was wäre es ein Auftrieb in derer Leben, gäbe es die Wertschätzung !

Ich allerdings glaube,
wenn der Standesbeamte von Kropp,
nichts mehr zu tun hätte, wenn keiner mehr heiratete,
das wäre wenn die Abschiede von Ehen,
also als Junggesellen, und beim Splitting,
und bei all denen, die sich nach 2 Monaten trennen,
und bei denen, deren Anwälte abgeraten haben,
und bei jenen, die mitansahen, dass sie doch nix davon haben würden,
mich nur noch auf dem Land swipen ließe,
wie viele in naher Umgebung zur Verfügung stünde,
also im Mengenmäßigen Vergleich zu den Kühen,
und Äckern, Scheunen und leer stehenden Gebäuden,
dass man die Drei Anderen bereits kannte,
die Aussicht auf ein lecker Abenteuer beschränkt ist.
Wie viele Frauen hattet ihr ?
Habt Ihr schon gesucht bei Tinder ?
Oder hattet ihres schon mit Rindern ?
Muslime nehmen Tinder als M-inder !
Katholiken treiben es mehr mit K-inder !
Prunk und Handgriff beim Perser mehr perverser.
Muttersohn on the Road, schläft mit Mama im Bett.
Welche Frau geht nur dem Vergnügen nach,
wenn es unauffindbar ist ?
Steh ich noch auf .... schlecht gewürzte Lasagne
aus der Landeshauptstadt ?

Im barren starren Landkreis hier steh nicht mal auf Reste ficken !
Im Fitnessbereich haben sich bereits die Frauen davon abgeraten !
Eheleben geduldet nur im Zeitraum von Zwei Monaten, wenn überhaupt.
Die Schwester von der Schwester von der Schwester
sagen das alle auch, Hände weg !
Die Frau ist keine Euch ernannte Prosti-Stute !
Dazu braucht es auch keine Hauptschule.

Schon mal dein Fahrrad gewartet ? Echt das Rad selbst eingespeicht ?
Deine Schrauben allein fest gedreht ? Alle deine Gänge stehen parat ?
Die Umgebung ausgeschimpft fürs Gennerv ? Schnurrt das Kätzchen ?
Bliebst lieber zuhause, statt kein Geldverdienen.
Planst ein Kind, geht wunderbar klar ? Nein, nicht nur das Fahrrad geklaut,
sondern vom Arbeitslosen denunziert, das Kind aus'm Wochenbett geklaut !
Die geschenkte Odyssee folgt, vom Nazi zurecht in dein Leben gepflanzt,
jetzt noch an "Liebe"glauben?ganz Kiel - wa?SONST GEHT's NOCH HA?

Dispo commerz, Sprühsahne, Goldgrube, Theater, Mietvertrag
weird stoff, Pizza, Melonen, okay Influencerin
fragiler Ort, EU quasi Schieflage, Wolf cut Regulierung, Bootsschuhe,
Männerrunde, Save Space, Zwinkern ohne Consent
Hypezig, so much fun ! Damn bitches ! Riesenschach !
Heiraten, Mercury bounced, Nudelsalat, keine Kinder, zwei Hunde
Jugend sagt "Nein"

Niemals habe ich Sex auf dem Grab einer anderen.
Niemals heirate ich, um andere wieder zu sehen.
Niemals trage ich schicke Klamotten, die eine andere für mich ausgetragen.
Niemals suche ich unter Scheidungskandidaten,
Verheiratete haben nichts drauf.
Niemals beurteile ich danach,
wie mir einer entgegen kommt zu anderen im Vergleich.
Niemals lass ich den Arbeitnehmer aus,
weil er in der Arbeitszeit nicht wahrgenommen wird.
Niemals konditionieren mich Weiber,
sie zu kopieren, die nach mir auf die Welt gekommen sind.
Niemals bin ich das Sperrgut,
dass sich ein anderer mal so eben dazwischenschieben kann.
Niemals verzeih ich Mobbern, die sich einbilden,
ich zieh mich freiwillig zurück, damit es ihnen gut geht !
Niemals ist die übertriebene Ambition einem zu gefallen,
mit der tatsächlichen Intimität zu vergleichen.

Niemals macht ein einfacher Handwerker im Bett,
dasselbe wie drei Klassen ohne Ende über ihm.
Niemals überzeugt mich große Klappe,
die missbräuchliche Erziehung der Kinder weg zu täuschen.
Niemand, der sich frisiert für eine Tote,
erreicht all seine Ziele, ohne über Hindernisse zu stoßen !

Ein langjähriger Freund war allein der Bücherkäufer,
aber es war, wie man sagen kann, ein guter Schubs
ein Schritt in den Hintern
ein Unterstützer vom Horizont
eine Peitsche aus dem Schatten
eine Erinnerung an das Bewusstsein
ein Zeiger auf die Füße
ein Auslöser für meine Lahmheit
eine Provokation für meine Selbstliebe
ein Reduzieren für meine Bequemlichkeit
ein guter „Verpiss dich" für meine Einsamkeit
ja, wie wir sehen, liegen die wahren Dinge alle dazwischen

Ich denke, die Herangehensweise von Frauen funktioniert in dieser Zeit und
in diesem Alter am besten, mit einer persönlichen Geschichte dahinter, die
Biografisch ist, und die hast du sicher.

Du weißt, dass ich hier in Schleswig jetzt ungefähr dreißig Jahre gewartet
habe, als ich bis heute Abend dort draußen im Glanz des letzten Tages
spazieren ging, als das erste echte und traute, reifliche Paar von hier
wirklich zu meinem ersten herzlichen Hallo auf mich zurückkam, sie fragte
wirklich aufgeregt und von Herzen „Geht es dir gut?" und ich erkannte und
antwortete: „Mir geht es gut. Wussten Sie, wie viele Einwohner diese Stadt
Schleswig hat? Ungefähr 23.000? Und wussten Sie, dass dies das erste Mal
ist, dass mich jemand Normales und Nettes wie Sie das gefragt hat,
nachdem ich jetzt 30 Jahre hier bin?"

Ich sagte ihnen, dass ich vor meinem heutigen Gang hinaus darüber nachgedacht habe, wie viele Menschen wohl noch in dieser Stadt übrig sein würden, die normale Menschen sind? Ich fand diesen Gedanken beängstigend. Und sie sagten: „Wie viele Menschen würden denken, sie seien die Normalsten, obwohl sie es nicht sind?" Und ich antwortete direkt: „Wie viele Menschen, die krank sind, haben tatsächlich dieses Handicap, dass sie nie merken, dass sie ein Problem haben?"

Leben umgeben von anderen Menschen und trotzdem isoliert...
Danach ging ich auf eine große Wiese und setzte mich dort in meinen Garten, ins Gras und beobachtete den fernen Horizont hinter dem Schloss und die letzten Sonnenstrahlen und Wolken und sah den Mond immer stärker scheinen, während im Hintergrund die Musik ertönte, die sich auf eine der vier Gilden in Schleswig vorbereitete, die dieses Wochenende ein Fest veranstalteten, mit einem Musikkorps, das durch die Stadt zog und die ganze Nacht über ein großes Fest feierte. Das war für Mable und mich, die im Gras saßen, die Natur beobachteten und ein schönes kostenloses Konzert hinter uns hatten, während der Himmel seine Farben änderte.

Dass Mable ihre lebhafte Aktivität wiedererlangt hat, seit die Hitze weg ist. Sie weckt mich wie immer munter morgens, um aufzustehen. Ich finde, einen eigenen Hund zu haben, ist wie ein ständiges Gespräch mit den Vorfahren. Man versteht, wenn die eigenen Träume aufeinanderprallen. Man versteht diese Träume später, wenn man die Gedanken dahinter findet. Jetzt verstehe ich auch, dass es in der Stadt gute Leute gibt, nicht zu viele, aber einige, die wirklich daran interessiert sind, dass ich Gutes tue. Hat das Gute mich gefunden? Ich verbreite meine guten Schwingungen und sie haben mich gefunden?

Nein, es ist keine Romanze, ich gehe immer noch alleine weiter. Aber der Baustein, der uns verbindet, existiert, das Eis schmilzt. Ich bin kein Baby, das von anderen gehalten werden musste. Ich war nicht das Baby, das nie gehalten wurde, und aus diesem Grund zeige ich mit fast 60 stolz, dass ich darauf scheiße und mich von niemandem mehr halten lasse.

Die Fürsorge anderer hebt das Herz ein wenig. Mein Herz ist schwarz, das, was ich erlebt habe, wird dieses Herz nicht wieder verlassen, aber die Sonne und der Mond am Himmel entschuldigen sich. Ich bin mir bewusst, dass die grausamsten, die andere schlecht behandeln, nicht das geringste Gefühl dafür hatten, was sie mich fühlen ließen. WAS AUCH IMMER, SCHEISS DRAUF!

Diejenigen, die nicht fühlen, werden diejenigen sein, die die Erde früh genug verlassen und dann Siro Null verlassen, nichts, das ist einfach eine Tatsache. Am schlimmsten sind die Religiösen, die die ganze Welt als Lügner- und Missbrauchstäter behandeln, und wenn sie immer weniger Interesse zeigen, werden sie wie Nebel sein, der in der staubigen Wüste verschwindet, und vergessen, niemand wird mehr ihre Namen aussprechen, und jetzt sag mir BITTE, wer jemals behauptet hat, dass der kleine, feige, böse, laute, distanzlose, neidische Christ jemals eingeladen wird, in den Himmel aufzusteigen? Niemals hat jemand so ein Arschloch irgendwohin eingeladen! Keine Religion kann ihre Versprechen einhalten.

Das gilt für alle Männer. Sie sind latent frauenfeindlich. Sie unterstützen nur Frauen, um ihnen zu helfen, einen anderen Mann zu finden, dann sind sie höflich zu ihnen und versprechen ihnen alles, helfen die Lügen hinter der Fata Morgana zu erkennen, lassen sie die Wahrheit hinter dem Schleier erkennen, lassen sie dann die Beste Gelegenheit wählen, die Schönste im Bett zu erobern, die Kinderbetreuerin und Geldverdiener, die Nadel im Heuhaufen, wie Gentleman. Nur weil sie Gläubige sind, machen sie sich klein wie ein bettelnder Hund und lassen die Frau wählen und gehorchen. Auch wie in meinem bekannten Christlichen Kreis, nehmen Religiöse sich das Recht heraus, grundlos deren Kinder Besitz zu entreißen, und sie damit aus der Familie zu verstoßen. Anderer Regionen Gläubige, die in der industrialisierten Welt Kontakt zu weißen Frauen aufnehmen, suchen nach einem Grund, sie für sich zu benutzen, Namen und Wohnort zu erweitern, um sie dann zu täuschen und zu beleidigen, machen keine wirklichen Komplimente und lassen sie bereitwillig in Fallen tappen, dass wer aus Altruismus nur der Helfende, hat die Wahrheit nicht anders verdient, belächelt zu werden, was sie schließlich zu extremen Denkmustern bringt. Weil die Texte so alt sind, müssen sie wahr sein, sagen die Priester, und die Leute glauben es. Alle Religionen bringen Menschen mit Regeln und Rechten zusammen, um innerhalb ihrer Gruppen zu handeln. Ich meine, es ist, als würde sich die Katze in den eigenen Schwanz beißen. Hast du eine in einem Clip gesehen? Das sieht lustig aus und bringt sogar die Mutter der Katze zum Lachen. Das ist Religion, um im Steinzeitstil zu leben, die eigene Familie stolz zu machen und den Rest im Dreck zu lassen, nicht wie Sportfans, nein, kein Sport, keine Zuneigung, keine Unterstützung des Erfolgs, eher versuchen die Feiglinge, die Welt glauben zu lassen, sie seien stark, aber sie stehen nicht alle in einer Masse mit dem Schutzpatron in der Mitte und der Waffe nach außen, um nicht verletzt oder gesehen zu werden, eher so eine religiöse Familie parallel zu einem Karzinom, das sich ausbreiten will, also macht es sich so groß wie möglich. Nur ein Haufen kranker Menschen, die sich für normal hielten und viele Opfer machten, denen gesagt wurde, sie seien krank.

Das nette Paar von heute hat einen intelligenten, sehr interessierten Vater aus einer reichen Hamburger Familie, der aber höflich ist, ein bequemes Leben führt, zwei nette Töchter hat, Tiere mag, in einer Band spielt, mit einem kleinen Bus in den Urlaub nach Südfrankreich fährt und in seiner Beziehung einmal einen Hund namens „Hexe" hatte, der sich ziemlich für Hexerei, Naturheilkunde, Kräuter usw. zu interessieren scheint.... Das ist die Art von Menschen, die mich interessieren, sie wissen von Anfang an, dass ich genauso bin, sie haben es von weitem gesehen. Ja, ich sehe gerne, dass es eine Familie in der Nähe gibt, dass diese wachen, intelligenten Menschen gut in Frieden leben. Ich bin kein Teil der Familie anderer und werde es auch nie sein, ich passe nicht in die Privatsphäre anderer, egal ob ich mich einfach in einen Partnerschafts krieg verwickeln lasse oder Teil von vielleicht Hunderten von Frauen bin, die von nur dieser einen Person gefickt werden, oder ich, wenn ich mich ihnen anschließe, dann einfach Teil eines beliebigen Spiels bin, das sie sich für mich ausdenken.

Letztlich aber !
Ehrlich jetzt möge es der Welt nicht doch eine Verbesserung bescheren,
würden die kleinen Jungs in der Schule,nicht besser zu Mädels um operiert ?
Und würden nicht besser Dildos übers Land
in Riesengröße runter regnen, um die Dörfer zu segnen ?
Und erst der wird abgewählt, der sich für einen Messias hielt,
im verkehrten Menschenbild, denn Jesus wurde auch nicht "gewählt"
und doch "gestählt", wo man doch weiß,
das Kreuz für ihn wurde erst ganz zum Schluss gesetzt !

Es war verheerend.
Dein zinnoberroter Zorn glüht rührend mehr.
Annahmen, die Wahnvorstellungen verhüllen,
anstatt zu lieben und zu wachsen, also enttäuschend
geliebte Seelen ändern sich & verlieren,
einander zu erzählen, leere Hoffnung manifestiert sich
alte Wege sich eröffnen, bieten keine neuen Türen.

Männer,
die deren Mütter verleugnen, bezeichnen sie 25 Jahre später als Schlampe
deshalb Beziehungskälte lebte, weil immer die falsche Konstellation,
als Selbstbestätigung wählten, die erst mal lange Zeit nix haben,
dann was umsonst so auf der Straße, wo bekannt, wenn andere Männer
bei solchen Frauen 1000 Euro zahlen, könnten es andere umsonst anbieten,
die Fleischlust ist immer da, auch bei Söhnen von Schlampen
und hatten sie oft genug bezahlt, kann ja auch was jüngeres Infantil
als Brückenbauer herhalten, bis der gnädige Herr wieder x
den großen Zauberer spielten, um was über die "Liebe" zu lernen,
hahaha und es dennoch seit 25 Jahren ausgesprochen nur als Wortlaut:
soziologische, klug kalkulierte, neue "Gesellschaftliche Studie betrachten !"

Ich habe hier auf dem Markt in Schleswig samstags eine junge Verkäuferin für den Apfel- und Obststand, und sie schockierte die Käufer mit ihrem dummen Kuhgerede zu Beginn von Corona und als sie gerade erst auf dem Markt ankam, dass sie vermeldete... „Ich sympathisiere voll und ganz mit dem Nazi Trump und garantiere, dass er in den USA gewählt wird!" und diese dumme Kuh bekam MEINE ANTWORT auf ein dummes Sprichwort zu hören, dass noch nie jemand so gut abgeschnitten hatte wie sie, und gab ihr die Garantie, wie gut sie einen Mistkerl und Verbrecher wie ihn findet, der in seinem eigenen Land bereits ein paar hunderttausend Tote mehr als nötig verursacht hat, der in Hitlers Fußstapfen getreten ist, also findet sie ihn gut? Ich sagte ihr, sie solle besser auf ihr Sprichwort aufpassen und daran denken, dass diese kleine Madame danach blass war und seit drei Jahren versagt und immer mehr Angst vor mir hat. Ich sehe sie stolpern und fallen, wenn ich weiter ihr blasses Gesicht betrachte. Ich genieße es, sie ist eine Verräterin mit dieser Zunge! Verräter im Schatten, sie war nur ein gelangweiltes Küken, eine Populistin, eine Möchtegern-Schweinchen, sie ist diese Art rechtsgerichtetes Ferkel vom Bauernhof. Populisten. Sie erzählen der Öffentlichkeit als Politiker Formulierungen und Sprüche aus Hitlers Zeit, lassen sich vom Gesetz verwarnen und machen weiter und werden gewählt, wie dieser Verbrecher in den USA. Er hat Hunderte von kriminellen Beispielen angeführt und säße Hunderte von Jahren im Gefängnis, aber diese Anwälte schicken ihn frei und sagen ihm, er müsse weder Gefängnis noch Strafen ertragen. Es ist widerlich, er muss die Wahl verlieren, sonst wird die Welt wirklich untergehen. Der Teflon-Mann, da sagte er auch, zu all seinen Lügen und Fälschungen, um die Leute mit einem Verrückten zu konfrontieren, dass wenn er die Weltgeschäfte mit den USA abschließt und alle zahlen lässt, dies zur Folge hätte, dass auch die Bürger der USA selbst viel mehr zahlen müssen, also wär das nur ein schwacher Versuch und die selbst gemachte neue Steuer, die sein Volk zahlen muss. Oh ja, macht Amerika wieder zum Paria, aber Russland, China und den anderen gefällt das. Es zeigt, dass Demokratie in ihren Augen ein Witz ist.

Der Besitzer des Apfelstandes teilte mir vorsichtig und direkt mit, dass er und seine zukünftige Frau immer noch darüber nachdenken, den Hochzeitstermin hinauszuschieben, vielleicht auf nächstes Jahr oder vielleicht auch auf zwei Jahre später ... ich sagte ihm, dass es sowieso immer besser sei, den Streit schon vor der Ehe zu klären, anstatt ihn erst während der Ehe anzufangen !

Und aus Vertrauenssache. Ich habe noch nie jemanden verloren, der wertvoll war ! Sie lassen dich in deinen eigenen Augen dumm aussehen ...
Wie ich dich so sehr liebte ! Unser Leben verändert sich ohne unseren Willen....Die Umstände zwingen uns, uns an Dinge anzupassen, die uns überhaupt nicht ähneln. Erwarten Sie nicht, dass jemand Ihre Gefühle berücksichtigt.

Allein zu gehen, mein Freund, ist der härteste Weg, aber er macht dich stärker. Es besteht ein großer Unterschied zwischen Heimat und Nationalität. Heimat bist du und Nationalität ist ein Bauernhof.

Es gibt Jahre in unserem Leben, in denen wir nicht wissen, wo wir sie verloren haben, aber wir wissen, dass sie weg sind und nicht zurückkehren werden.

Alle schönen Beziehungen entstehen dadurch, dass Sie (beruhigt) sind. Freundschaft ist Sicherheit. Liebe ist Sicherheit. Die Ehe ist Sicherheit. Sogar alle Ihre Überzeugungen und Überzeugungen über Dinge basieren auf Sicherheit.

Der Abgang einiger Menschen aus Ihrem Leben ist ein Segen Gottes. Möglicherweise werden Sie es erst im Laufe der Zeit bemerken.
Regen und Menschen fallen, jeder zu seiner Zeit, also halte die Hand, die dich nicht verlässt, die Seele, die nicht daran denkt, dich zu verlassen oder dich zu ersetzen, umarme das Herz, das deiner nicht müde wird.

Welcher Untertitel für mein Real Life,
abhängig von der Zahl der Follower ?
Werd ich mehr geliebt mit Likes … durch Datenklau,
ist wie Manipulation von Wahlen,
kürzen der wertvollen Nachrichten,
und Kürzel der Lügen kommen schneller an,
Geschäftsidee Leute klüger aussehen lassen,
als sie in Wahrheit sind, die einsam blieben,
der Meinungsverstärker mit patentierten Enthemmung schalter
um wichtig zu klingen wie im Internet,
wie Straßensprache, und Hass in der Gosse !

Ich recherchiere und sehe in vielerlei Hinsicht, dass böse Menschen versagt
haben, so wie ich sie im wirklichen Leben gesehen habe.

Besiege den Zornigen, indem du nicht wütend wirst. Besiege den Bösen
durch Güte. Besiege den Geizigen durch Großzügigkeit und den Lügner,
indem du die Wahrheit sagst.

Boshafte Freundes paare in Lebensnarben versackt.
Boshaftes Elternpaar dahin gegangen.
Boshafte angebliche Männerjungfern Verstandeslos.
Boshafte Cholerikerin und gegenüber ihr Klon als Tochter versandet.
Boshafte Umgebung macht zwei befreundete Selbstmörder.
Boshafte alternde ewige Studenten auf Abwege geraten.
Boshafte Ignorante erlaubt sich riskante schlechte Witze mit Einzelnen.
Boshafte Prinzessin geht in ihrer dümmlichen Versuchung auf.
Boshafte Fremd geher hatten den ganzen Versuch umsonst unternommen.
Boshafte alte Säcke werden bei roten Ampeln grün in deren Gesicht.
Boshafte Punks werden zu intoleranten verheirateten Spießern.
Boshafte einsame Verschlossene attackieren immer auf demselben Weg.
Boshafte Sternen Gucker schießen zur Decke, um geliebt zu werden.
Boshafte Heimat liebende sich nicht selbst gefunden haben.
Boshafte nationale Bauerntölpel, die alle um Hilfe rufen, weil unzulänglich.

Ich glaube die Bäume sind uns Menschen die stärksten Begleiter, sie sehen alles, sie empfinden alles, sie stehen vor uns als Beispiel nie den eigenen Stand aufzugeben.

Sie haben keine Hände, die schlagen oder quälen. Sie haben keine Geister, die anderen übel sinnen.

Sie sind sogar so aufopferungsbereit, die von uns verschmutzte Luft für uns zu säubern.

eigentlich sind die Bäume für Mutter Erde die Haut, durch die alle atmen, werden die dummen Menschen der Erde die Haut entreißen, wird es schlecht für sie alle ausgehen.

Die Welt war zuerst eine, in die ein rechtes Monster gewählt !
Die Leute, die ein Urteil über Kinder fällen, sind die unter ihnen untergehen.
Hüte man sich vor denen, die ihnen erst ihr Spiel ermöglichten.
Die erst die Opfer waren, und sich eines Tages an jenen rächten.

Einesteils braucht es die Initiatoren, die im Glauben leben, wenn sie sich am Kind bedienen,
es zu missbrauchen, als sei vor allen anderen, nur das Kind selbst dran Schuld.

Zweitens braucht es die Mitwisser, und Beteiligten, die ihre wahre Seite kennen und verbergen.

Drittens braucht es ein kaputtes System, das seine Stätten dafür bereit hält, wo Kinder erst für die Welt verdorben werden, bis es an der Zeit ist, ihr alles zurück zu geben.

Viertens braucht es gehörig kriminelle Energie, sich als Initiator von Kindesleid selbst, als unerschrocken schuldlos darzustellen, man angeblich fürs Kindeswohl verantwortlich handle.

Fünftens braucht es eine Mutter, die entweder das Kind außer Acht lässt, dass es stirbt, oder eine Mutter, die anderen Kindern für ihre Achtlosigkeit, die eigene Last überträgt, unter Druck zu schweigen, in dem sie die in Heime steckt, bis sie halb unter Lieblosigkeit und Verleumdung verrecken, ihnen Schandtaten zuschreibend, die sie für ihre Eltern auszutragen haben.

Sechstens braucht es nur das Wissen um jeden Missbrauch, dem ein ausgeliefertes Kind ausgesetzt ist, und das Kind würde zeitlebens nie das Vertrauen spüren, doch loyale Freunde zu besitzen, weil es sich immerzu nur verraten und verkauft fühlt, der linke Versuch, ihm das Gefühl von Freundschaft zu nehmen, um die Wahrheit nicht ans Tageslicht zu befördern, um das Kind eines Tages aus Reue von der Last zu befreien.

Siebtens ist Missbrauch am eigenen Kind auch als Mitwisser von außen, eine Straftat, die jedoch billigend erst in Kauf genommen wird, um die Räder eines Systems am Laufen zu halten.

Ich komme nicht um den Gedanken,
dass solche, welche sich heute noch
alle der "DIAGNOSEN" bedienen,
sie Leuten zukommen zu lassen,
zu den Gefolgsleuten Hitler's beizumessen sind,
die nur um jegliche Beurteilung
und mögliche Herangehensweise
von "MISSBRAUCH" am KIND,
gleich im Vorfeld nur als sogenanntes "VERBRECHEN"
zu betiteln, und die TAT danach einfach zu ignorieren,
sich aber am ABFERTIGEN
durch die INSTITUTION gut deutsch,
als LUKRATIV zurecht zu legen.

SCHÖNEN TAG NOCH !!!

Wie verschieden die Menschen doch aufwachsen.

Dem einen ist der Wahnsinn das Liebste. Mir war es immer ein Grund auf und davon zu müssen. So unterscheiden wir uns. Vielleicht bin ich menschlich gesehen einfach nicht typisch genug ein Familienleben zu genießen. Ich hatte zeitnah jeden zweiten Tag in die Natur müssen, um den Wahnsinnigen zu entkommen. Aber es ist mir immer gut gelungen.

Jetzt versteh ich besser, je Wahnsinn behafteter das Umfeld in dem man aufwächst, desto eher stellt sich raus, wer es mit der Nähe von Menschen aushält und wer nicht.

Einem Freund sage ich, Auf alle Fälle hast du dich auf einen Schlag von dem traurigen Klößchen, das du warst vor 25 Jahren, zu heute um 180 Grad gewandelt. Du bejahst einfach alles um dich, besonders die Nähe zu Menschen, vom Einsiedler zum Gruppenmensch. Vom körperlich Behinderten zum gesunden Mann, der sich einiges bewiesen hat.

Vom traumatisierten Schweigsamen zum offenen Menschen, der sich zu guter Letzt in fast jedem spiegeln mag und kann. Vom verletzten kleinen Bruder, wie ich ihn kannte, zum versierten Selbstversorger, der allen was vormacht. Vom fast am Rande der Existenz gehenden Verzweifelten, zum Rückkehrer in die Weltgemeinschaft !

Ich sage nur, dass ich mich sehr für dich mit freue, und bin erleichtert wie du, und sage Alle Achtung ! Du hattest dich im Leben immer richtig entschieden. Nur wer das von sich selbst weiß, der hat Erfolg !

Ich versteh also besser, warum sich mein Sohn so total von mir abgewandt hat. Nicht wegen meiner Selbst. Aber, er muss sich das beweisen, wie ich, erst Altes abzuschütteln, dann zur Ruhe und Besinnung finden.

Ähnlich wie bei dir, du hast dich auch erst für sehr, sehr lange für die Freiheit verschrieben, um mit dem darin erlangten Wissen unter Menschen zu wagen. Mein Sohn ist gern immer unter vielen, aber will die Nähe zu seiner Mutter nicht wagen, als sei ich immer mit Schleswig und Diskriminierung verbunden, und das lähmt. Er will soviel es geht in seinem eigenen Leben erfahren und lernen auf eigenen Wegen alles Erdenkliche erleben, und im Gedanken an seine Mutter bremst ihn das, obwohl er bereits zugibt, dass ihn die neu gefundene Ruhe endlich als angenehm empfunden einholte. Ich hingegen, war immer ein Natur verstehen, ein Tiefen schürfen, ein Philosoph und Menschen verstehen, eine Archäologie, die Geschichten der Menschen von Steinzeit bis heute. Dazu braucht es weiß Gott kein Heiraten, keinen Beschützer im Bett, kein brüderliches Verständnis, und kein Anklammern und eheliches Geben und Nehmen. Mir fallen einfach an jedem immer sofort sämtliche Facetten seiner Charakterzüge auf, seine Verwandlungen, seine geheimsten alten Traumata, das macht es für mich gefährlich. Nicht jeder kann meine Art und Weise in die Menschenherzen zu sehen leicht verkraften. Wer kann das überhaupt und zu jeder Zeit ?

Ich bin vielleicht ein bisschen wie Du.
Ich bin ein Wanderer in der Menschheitsgeschichte, in ihrer Psyche, ihrem Trauma, ihren vielen Facetten, ihren tief verwurzelten Problemen, ihren Wurzeln an sich, ihrem heutigen Charakter, ihren Veränderungen, ihrem Wachstum, ihrer Freiheit. Ich sehe dich als einen solchen Menschen, der nach Freiheit sucht, die Kälte auf seiner Haut genießt und tief durchatmet, um nicht das zu tun, was andere von dir erwarten. Ohh, ich weiß nichts über deine Beziehung zu den Menschen in deiner Umgebung, die dir am Herzen liegen. Ich weiß nichts über die Fehler, die du gemacht hast, um deinen Weg freizumachen und dein Herz lebendig zu halten. Ich weiß um die Verantwortung eines jeden, sich für seinen Weg zu entscheiden, sich Zeit zu nehmen und dann auszuprobieren, was dir gegeben ist, um zu lernen und dein Ziel zu verwirklichen.

Ich habe meinen Brief für fünf Verlage vorbereitet, mit der ersten Seite meiner Einleitung in Kurzform, plus 3 Seiten mit der Essenz der Romane. Ich verschicke ein Essay, 30-50 Seiten Beginn der Geschichte und warte ab. Mit dem neuesten Roman versuche ich erneut, einen Einstieg in die Buchhandlungen zu finden, muss nur EINEN finden!

Zwinge dich nicht, auf einer Welle zu reiten, die dir nicht liegt, jage keinem Zug hinterher, der zu spät kommt, verschwende deine Zeit nicht damit, nach Anerkennung von Leuten zu suchen, die deinen Wert nicht zu schätzen wissen, und versuche nicht, es allen recht zu machen, denn das ist sowieso unmöglich, bewahre deine Würde und kompromittiere deine Prinzipien nicht für falsche Beziehungen. Manchmal ist es besser, allein zu sein, als in einer Gesellschaft, die dich traurig und deprimiert macht. Hab keine Angst, allein zu sein, denn das ist eine Gelegenheit, dich selbst besser kennenzulernen. Sei stark und unabhängig und mach dein Glück nicht von anderen abhängig. Früher oder später wirst du Leute finden, die dich so schätzen und lieben, wie du bist, also sei du selbst und mache deine Einsamkeit zu einer Kraft, die dich vorwärts treibt, und denke daran, dass du nicht allein bist.

Danke. Ich finde es genau so, wie du sagst. Habe gerade einen netten Kerl mit einem anderen Hund auf der Wiese kennengelernt, und wir waren beide offen, aber hatten nicht den Ehrgeiz zu flirten. Das tat richtig gut, also ging ich mit ihm die letzten 200 Meter und erzählte ihm ein paar Neuigkeiten aus der Nachbarschaft. Ich finde auch, wenn die Leute mich willkommen heißen wollen, dann tun sie es einfach. Aber ich kann sie nicht dazu zwingen.

Das ist, wie du gesagt hast, es geht nicht darum, ein großes Schloss auf einem großen Berg mit einem großen Fluss und einem großen Meer daneben zu besitzen und dann alle für ein paar Stunden in den Reichtum zu rufen und dann dankbar nach Hause zu gehen, damit die Leute in die Hände klatschen, wenn sie mich sehen. Deswegen habe ich eher gemeint, es liegt an denjenigen, die nur davon reden, ein paar Kartoffeln direkt hinter dem Haus in einem winzigen Garten anzupflanzen und traurig zu sein, dass Schnecken sie aufgefressen haben. Das ist das geteilte Vertrauen, mit Menschen zu sprechen, die ich liebe.

Ich bin mir zu bewusst, dass ich kein Wolf bin, keine Hündin, kein Möchtegern. Ich weiß, dass ich nur zwei Beine habe, und das ist eine Tatsache. Gerade wenn ich eine halbe Stunde im Gras liege und alles vergesse und das Gras berühre, möchte ich mich in eine Blume verwandeln, die am nächsten Tag zur Sonne gewachsen ist und von der Wiese mich jemand hochheben würde. Aber du hast auch so recht, wenn du sagst, dass Einsamkeit Freiheit bringt.

Es gibt natürlich junge Mütter und ihre neuesten Freunde, die beschlossen haben, ihre Tochter gemeinsam großzuziehen und ihr Kind mit allen zu teilen, und diese Tochter lebt in einer Gruppe mit vielen anderen auf, sodass sie gelernt hat, sich unter gutem Stress auszudrücken und sich auf die Art und Weise zu entfalten, die sie einmal gewählt hat. Ich höre das gerne. Ich habe es auf eine andere Art erlebt, einfach einmal endlich loszuziehen, um den negativen Stress der Familie hinter mir zu lassen, und sie haben mich einfach besessen und bestraft. Daher bin ich mir wirklich bewusst, dass ich mein ganzes Leben lang vorsichtig sein und nie naiv mit Männern sein darf, so vorsichtig, dass ich manchmal Angst vor einer Beziehung habe.

Wenn Nähe dich verletzt, geh weg, denn Distanz ist kein Hass, sondern ein Raum, den du deinem Herzen lässt, damit du nicht noch mehr leidest. Geh weg, egal wie hell die Person ist. Die Lampe, die dem Schmetterling Licht gibt, wird ihn verbrennen, wenn du es mit deiner Nähe übertreibst; und das Meer, das seine Umgebung großzügig bewässert, wird dich ertränken, wenn du zu tief hineingehst. Distanz ist nicht immer ein Verlust, sondern vielmehr eine sichere Distanz, die du nutzen kannst, um dich zu erholen und wieder klare Grenzen für die Liebe, für Verwandte, für Freundschaft, für alle Beziehungen zu ziehen. Eine sichere Distanz, die das Gleichgewicht in deinem Herzen und den Frieden in deiner Seele wiederherstellt.

Ich weiß, dass die helle Person in meiner Kindheit immer der ideale Mann war. Dieser Onkel mit indianischen Wurzeln oder der Onkel mit nordischen Wikingern oder dieser Musiker mit irischen Wurzeln und dieser tapfere Mann auf seinem schwarzen Araberpferd, dieser große Samurai-Buddhist aus einem Kloster und der weiß bärtige alte Vater von zehn Kindern – alles unter ihnen. Aber ich wusste immer, dass dies kleine Bausteine im Puzzle eines kleinen Mädchens zu ihrem Märchen sind. Ich wusste schon früh im

Leben, dass es den Prinzen auf dem weißen Pferd nicht gibt. Ich bin wirklich weit genug von meiner Familie entfernt. Sie sind weit im Norden. Sie sind weit im westlichen Westen. Sie sind weit genug im Osten. Und sicher weit genug im Süden. Hier ist mein mittlerer Ort, wo keiner von der ganzen Familie mehr hinkommt.

Aber ich weiß, dass ich weit genug weg bin, um zu sehen, dass ich nicht mehr im Tor stehe, um jeden harten Ball gegen meine Front zu bekommen.

Der klare Verstand ist die eigentliche Form des Optimismus. Es kommt nur auf Optimismus an. Das einzig realistische ist optimistisch zu sein. Optimismus ist ein Mangel an Information.

Für die Arbeiter in den USA war Joe Biden der beste Präsident ever,
den es je gegeben hat, darum bin ich überzeugt,
wird Kamala Harris in dessen Fußstapfen treten,
trotz all der Veränderungen, die eingetreten sind,
ziehe ich bei weitem die Demokraten vor !
Die USA müssten sich also an all die Opfer erinnern, die es erbrachte,
dass sie diese Demokratie besitzen !

TEFLON Männer hatte es schon genug !
Früher waren Juden Verfolgte.
Sie mussten ums Überleben kämpfen.
Dann nahmen sie sich ein Land wie Israel.
Nun abseits jeden guten Glaubens,
nur aus Besitzgedankens raus,
nutzen sie eine Tötungsmaschinerie
gegen seine eigne Bevölkerung
üben sie die Schandtat unermesslichen Maßes.
durch einen Anführer, der so feige,
der sich lediglich vor einer Verurteilung drückt.
Sieht man sich die Kinder in Gaza an !

Bei mir dauert es bis zu einem halben Jahr, bis ich sehe, ob sie es lesen oder in den Müll werfen. Ein Teil der Öffentlichkeitsarbeit eines Autors besteht darin, Jahr für Jahr zu warten, ob es einen Scout gibt, der Sie als Autor für seinen oder ihren Verleger aufspüren kann. Sie haben mir gesagt, dass mein Manuskript eintrifft, und jetzt liegt es an mir abzuwarten. Mein Exposé war kurz und voller Informationen. Wenn ich einen Schritt zum Verleger mache, sprechen wir über alle anderen Dinge, wie Länge der Geschichte, Cover, Illustration, Layout, Preis und so weiter, im Moment hatte ich noch nie eine solche Chance, aber die meiste Arbeit ist jetzt getan, ich weiß, dass ich etwas daraus machen kann, und wenn es Wünsche gibt, kann ich mich daran anpassen. Nur EIN ERFOLGREICHES BUCH ist der erste Schritt, und ich denke, jetzt ist es Zeit für ERFOLG, das war seit einigen Jahren mein Ziel!

Ich hatte eine Bekanntschaft mit dem freundlichen Schweden ! Ich sagte zu dieser Demonstration, dass es eine willkommene Geste sei, Statuen nackter Frauen zu verhüllen. Es ist ein erster Schritt in die richtige Richtung zu Frauen und ihren Rechten in Bezug auf ihre Würde und Nacktheit. Ich finde es völlig beleidigend, provozierend und unfair, ein nacktes junges Mädchen als Kind und eines als nackte Frau als Statue mitten in der Straße als Sehenswürdigkeit !

Künstler bekleiden weibliche nackte Statuen !
Ihre Statue und das Kleid, unglaublich – das zeigt, dass Sie diese Genialität besitzen, „JA" zu Frauen zu sagen, das ist für mich absolut angenehm. Ich habe das Gefühl, dass es da draußen mehr Street-Art-Künstlerinnen gibt, Frauen, die ältere Statuen nackter Frauen verkleiden oder dekorieren, die oft vor dreißig oder mehr Jahren von Männern geschaffen wurden. Das zeigt Bewusstsein und Schwesternschaft. Es ist wirklich eine Provokations-Show rund um die nackten Frauen. Rassismus hat nichts mit Künstlerischem oder Ästhetik zu tun. Ästhetisch, existiert nicht für mein Denken in dieser Welt, oder ist es ästhetisch, den Missbrauch eines nackten jungen Opfers zu filmen und anzusehen? Das Wort Ästhetik gehört zum Kolonialismus, zur Renaissance, zum Kitsch, zu einer romantischen Verzerrung eines Ausmaßes an Missbrauch und männlicher Macht, und nichts als das !

69

Es ist wirklich eine Ausbeutung, die diese Künstler gemacht haben. Es ist höchst rassistisch und auch ein Aufruf zu jeglichem Missbrauch.

Wie Politiker, die eine glänzende Zukunft vorhersagen, ohne darauf hinzuarbeiten ! Wenn ich Dinge sehe, die ich informieren muss, dann ist das notwendig, denn alle, die nur mit ihrem Rest Optimismus weitermachen, werden es durch nichts wissen lassen ! Man muss einfach optimistisch sein, das ist eine Tatsache, und das würde ich auch sagen. Wenn die Leute alles schwarz malen, ist das nicht gut und die Hoffnungslosen tappen in die Fallen oder in die Arme der Rechten, aber der Optimismus ist für eine bessere Zukunft notwendig, aber Optimismus allein macht sie alle zu uninformierten Individuen.

Wer hat das Herz in der Brust ? ... der macht kein Aufsehen darum.
Wer trägt das Herz auf der Brust ? ... der hält jede Schandtat für machbar.
Wer liebt das Herz ungerührt ? ... der hält sich an einer toxischen Liebe fest.
Wer nutzt ein "Hallo" zur Ablehnung ? ... der würde auch Frauen schlagen.

Die hitzigen unter ihnen, die Liebe als Action Event bezeichnen,
äußere Harmonie propagieren, doch sich ohne Warnung prügeln,
ein bisschen weh hier und da, einfach mit dem Wegdrehen abtun,
ein gekrümmter Rücken einer Beziehung, wie endete es immer ?
In den dicken Eiern, die einer macht, sie zählte die blauen Flecken,
endlos dem Teufel ins Gesicht lacht. Stets ankommenden, die sich bücken,
wobei dem anderen der Hintern zu geneigt, geht u. kommt, kommt und geht,
verlangt, man hätte seiner Welle zu folgen.
Zur Straße geneigt, aber durchs Loch entschwunden.
In den dicken Eiern, die einer macht, leckt stetig nur die eigenen Wunden !
Perfektionisten träumen sich eine Welt der Liebesillusion,
so toxisch wie auch dekadent, zu jeder Gewaltanwendung zur Frau,
deren Lächeln mit dem Spruch "Es gab keinen Fehler !"
Fassade wahrend, durch seine Taten in die Vergangenheit anderer involviert,
sich für Fehlerfrei haltend, gestern leugnend, morgen befürchtend,
deshalb um sich schlagend.

Soll ich auf der Welle reiten, dem von vorne sagen,
dass ich dem von hinten misstraue, dem Rücken entlang ansehe,
dass einer die Frauen nicht mag,
dem von ferne erwarte, dass er die Fliege machte,
dem von nah keine Ambition anmerke,
dass er gleich 3x davon rennt,
dem Hasenfuß anmerke, dass er durchs Loch will
und eigentlich nur "Ab vom Hof" ???

Ich sags Euch, DIE WELLE, die so einer für mich übrig hält,
ist auf der Straße, ohne Loyalität, ohne Vertrauen,
ohne liebevolle Ambition, UNTER DIE RÄDER KOMMEN !

Ein Schaf sitzt brav im Stall. Es denkt nur ans Fressen.
Es fühlt sich ohne andere allein. Es muss wie eine Schar Gänse
solange von Ort zu Ort geführt werden, es als Nutztier im Kochtopf landet.
Es wird auf seinem Weg getrieben.
Es wird von seinen Kindern getrennt, selbst Kinder schlagen es mit Stöcken.
Es besitzt sein dickes Fell, und muss den Hieben noch standhalten.
Es gebärt selbst im Januar, wenn die Kleinen in die Kälte fallen,
ich frag mich, was hat ein Schaf von seinem Leben ?

Wenn der Bär einer Frau zufrieden gestellt wurde,
wenn sie die paar Minuten lang alles in der Zeitung gelesen,
wenn sie sich die Auslagen der Geschäfte
lange genug angesehen hatte,
wenn sie einen Schwiegervater hat, der die Gartenarbeit erledigt,
wenn ihre Putzfrau sie bedient, dass kein Stäubchen rum liegt,
wenn sie eigentlich nur noch barfüßig mit dem Mann ins Bett geht,
und den Tag auf dem Sofa verbringt,...
dann ist es angeraten, den Schwur der ehelichen Treue
vor dem Pfarrer ein zweites mal zu tun !

Teile der Berliner Mauer …
so mauernd wie die Mäuler meiner sieben Tanten.
Teils die Wahlen viel zu rechts … so verräterisch wie Hochverrat zum Kind.
Teils der Ehekrach um nichts, so viel Aufregung, weil man was nicht liebt.
Teils geht nur zusammen, so wächst, was sich regt, was sich bewegt.
Teils ging es links und rechts der Mauer –
OST und WESTEN spielten gegeneinander einen NAZI-Wettstreit
so ähnlich wie in Bautzen zu,
so ähnlich wie in Landeck zu,
so ähnlich wie in Hoheneck zu,
und all dieselben Stätten, wo die Aufmüpfigen steckten, sie zu missionieren,
und umzuerziehen, den Kinderlosen Paaren deren Kinder unterzujubeln !

Stell dir vor,
wir seien nun 35 Jahre ein Ehepaar.
Erst waren wir rosarot über beide Backen verliebt !
Du schienst perfekt als Partner,
eine Illusion scheinbarer Unendlichkeit !
Erst hatten wir die Freiheit uns in Armen zu liegen,
dann gingen wir zusammen trinken,
und heute gehen wir nur raus, die Flaschen im Geiste abzählen,
wie viele Flaschen werden' s denn heute ?
Im Rekord schnellten die Wünsche in die Höhe,
an blühender Landschaft entstand nichts,
der Alltag ist die nüchterne Enttäuschung nach dem Rausch.
In Phase Zwei entdecken sich alle Unterschiede,
Konflikte, Krisen, Kritik werden häufiger,
und schon in dieser automatisch erfolgten Phase
trennen sich die meisten, zweifeln aneinander,
man glaubt die Unterschiede immer mehr offensichtlich,
als ginge es schon lange aneinander vorbei.
Phase Drei - PAARTHERAPIE !!!

Dass ich beispielsweise die gleich hässliche Fratze Ost und West
mit einer neuen Farbe bemalen soll,
die angeblichen Vorzüge von Männern des Ostens
gar nicht zu schätzen weiß, da mir dieselben Machos begegneten
dieselben Stasispitzel,
dieselben Denunzianten,
dieselben Vergewaltiger,
Kinderräuber, Ehebrecher,
und illegalen Machenschaften
selbst dieselben Nazi Gesetze, gelten noch bis heute,
die des Westens genau dieselben waren, im VERGLEICH !

Geht irgendeine Frau ohne Schleier als Gefahr für schwache Muttersöhne ?
geht ein begehrter Politiker Job ihm ins Arschloch gekrochen ?
geht Tschetschenien, Syrien, Ukraine als ruiniert zur Umgestaltung ?
geht das E-Mobil geschäftlich flott, wenn VW's Werte dahin aufwärts ?
geht der Russe klein zu machen, ihn für China's Kaffeetasse passend ?
BASF Bosch VW Siemens verkaufen Ware, die Strafgefangene anfertigen ?

"IM WETTBEWERB werden wir ALLE stärker !"
meinten Sie damit auch alle DISSIDENTEN im KERKER ??

Fachabi, und du hast angeblich ausgesorgt !
Für die Verwandten loyal, die stellen das Häuschen.
Die Tippe für den Kirchenrahmen, stellt sich vor :
"Sie sei eine gebenedeit, die hält auch für Sie die Beine breit,
kleine Tippe formal die Leitung des Büros, Mitteilungen geschrieben, Reden
korrigiert, Termine festgehalten, Hotels gebucht, sich im Rahmen
anzugleichen, im sozialen Geschehen zurück zu halten, ,wahres zu känzeln
ehrliches zu bedrohen, sich anzubieten, dem Schönen Schein, ihn ein wenig
aufzubessern, nichts nach draußen zu geben bereit, nicht wirklich
wissenschaftlich studiert, nicht wahrlich akademisch anerkannt,
was auch immer dafür zu Gute kommt !"
Das ist deutsche Sozial-Arbeit !

Das Leben ist manchmal so groß. Die Zukunft so nah.
Die Wege so weit. Die Straße gepflastert mit Glück.
Die Armut besiegt. Die Eltern beglückwünschen …
der Riesen Knall, der auf einmal das Leben bedeutet.
Die Großmutter's Goldkinder so nah. Die Kunst lieb und teuer.
Das Privileg immens... wieder und wieder flachzuliegen,
und die Gewinner Kinder ins Bett zu vögeln, und nichts dazu geleistet.

AUF RÜGEN LEBEN und STERBEN raffen, hamstern, abkassieren
den Regenbogen hin hexen, sie seien für das Gold verantwortlich
die Kinder der Insel nicht mehr bemerkt,
die Freundlichkeit ein leeres Gebäude, zu geschürt die Nachbarn präsentiert
als wären sie ein bisschen arm, und hätten so gar nicht viel,
also lernen deren Kinder nur eins, ABZUGREIFEN alles WAS GEHT !

Ich hab mir über fünf Punker Leute, und Begegnungen durchs Leben meine
Gedanken gemacht... bezüglich der von gerade jenen unerfüllte Toleranz
gegenüber den sanftmütigen der Gesellschaft, die sich als Teil dessen sehen.

JA, die sind die wahren .... Freunde, die mich an allen Schneidewegen,
eiskalt abservierten, es brauchte nur deren Blick mich abzuweisen,
dass sie fortan ins eigene Glück abreisen,
dass es keinen Platz im Leben für mich gibt.

Es brauchte nur die Auflösung aller Weltbürger, die sentimental wie sie sind,
viel von Anstand hielten, und man denen ebenso "Das Maul verbietet !".

Es brauchte die Dekadenz mir obdachlos, immer das Tal zu zeigen,
in dem ihre Früchte gedeihen, in dem ihre Blumen blühen,
in dem die Schwänze wie Hochsitze rauf wachsen,
in dem die Seele hatte vor mir ihre liebe Ruh.

Es brauchte die Gier nach Geld, bloßes Bares, dass sie mit dem Instrument der Macht die Mittel suchten, jeden freundlich abwiesen, doch Musik für Striptease angeboten, Nackt Clips für Werbung kreiert, und irgendeinen Namen erfunden, irre gut zu sein, in einer namenlosen Wüste, kleinen Kindern die "Sprache" zu erläutern.

Es brauchte nur das Versteck hinter der Flasche, wie viele den Rücken zeigen, dass eine Welt ihnen die Treue schwor, die auch keiner wollte.

Es ist nicht gut, an deiner Liebe festzuhalten,
du tolerierst nicht den anderen, mit dem du streitest,
aber im Willen, einen friedfertigen, sanften Zuhörer
dahin gehen zu lassen, ihm oder ihr die Last
einer gesamten Gesellschaft auf die Schultern zu laden,
um sie damit davon gehen zu sehen, dies erbringt nicht dieselbe Toleranz,
die man erfahren würde, wo ich nicht sehen kann, weil ich verstehe,
dass du anders bist als ich, ja, ich kann sagen, dass du nicht sein kannst,
was du vorgibst, trotzdem sagt mir meine innere Stimme,
gut sich wehren zu lernen, gegen Psychopathie,
die Raupen haube wird deinen Kopf nicht bedecken
weiß, du solltest zu Hause im Bett sein, das du wohl nicht suchst.

Der die richtige Wurst kauft, der hat Geschmack, der die Komplimente annimmt, der hat keine Angst vor anderen, der also kochen kann, dem traut man zu, kein Muttersohn zu sein, eben weil Muttersöhne normal wie es ist, Frauen, die Komplimente machen, fürchten, sich schämen dafür, und eben aufgrund von Angst vor Frauen ! Guten Appetit !

Es gibt keine behinderte Person; Vielmehr gibt es eine Gesellschaft, die behindert ist. Es gibt kein "Rotes Kreuz". Es gibt keine "Diakonie". Es gibt keine "Gemeinnützigkeit", solange einer deren Dienstleister die Leute zuhause in Pisse, Angst und in ihrer Blindheit unbehandelt, sie dennoch gut bezahlt darum bittet, wie ihnen denn zu helfen sei, sie um Hilfe rufend, sitzen lässt !

Wenn Sie Ihre Ideen öffentlich verteidigen, müssen Sie stark und mutig sein, für sie zu leben. Liebe ist wie Kaffee. Wenn Sie zu viel trinken, können Sie nicht schlafen. Es ist dein Leben, lass dir nicht von anderen vorschreiben, wie du es leben sollst..!!

Wenn Sie das Gefühl haben, sich an einem schlechten Ort einzusperren und sich mit allem zu belasten, was es nicht verdient, suchen Sie nicht nach einem Ausgang, sondern laufen Sie einfach weg, egal welchen Weg Sie finden. Wenn du deine Geschichte erzählen kannst, ohne zu weinen, dann erkennst du, dass du geheilt bist. Manchmal kennt der Verstand die Antwort, aber das Herz mag sie nicht. Ein blinder Staat ist eine Gesellschaft, die nimmt und nicht gibt.

Deutschland hat eine kaputte Infrastruktur !
Wir brauchen keinen Krieg. Wir brauchen nur mit anzusehen,
wie unsere derzeit 16.000 als marode und Einsturz gefährdeten Brücken
zusammenfallen. Wir erleben es heute schon.
Kosten für die Reparatur und Modernisierung
der Infrastruktur gesamt wäre bei 600 Milliarden.
Hier ein Finanzminister, der an Dekadenz unübertroffen demonstriert,
dass ihn das Armenhaus Deutschland nicht betroffen macht.

Hallo, ich heiße Kiki und habe schlimmes durch gemacht.
Es haben mich die Männer früher alle ausgelacht, doch deren Fee,
in ihrem Bett heute, die hab ich auch nie ernst genommen.

Hallo, ich kenn ne böse Fee und ließ sie zurück, die kleine Sau.
Es hat ihr ein Denkmal gestellt, es war da Blut, ihr aus der Nase lief,
doch es bei da gar nichts unten rum.

Hallo, ich frag mich wie lang kann eine Regelblutung sein,
dass die Böse nur noch Lust empfand, die andere zu quälen,
wie lange sollt es wohl noch dauern,
bis die Männer Sex einer wie ihr wohl wollen ?

Hallo, ich weiß schlimmer als ein Zyklus, sind gleich drei davon,
das heißt die Böse will mich quälen, 3x3 Jahre ohne jede Grenze
weil sie mit dem leeren Leben durch,
und bei der anderen gehts immer wieder voll Gelächter los von vorn,
weil "GUTE FEE ! GUTE FEE !
TU MIR BITTE NICHT MEHR WEH !!!!!"

Hello, my name is Kiki and I have been through a lot.
All the men used to laugh at me, but the fairy in her bed today,
I never took her seriously either.

Hello, I know an evil fairy, and I left her behind, the little pig.
It was a monument to her, there was blood running out of her nose,
but there was nothing down there.

Hello, I wonder how long a period can be,
that the evil one only felt desire to torture the other,
how long will it be before men want sex with someone like her?

Hello, I know that worse than one cycle are three of them,
that is, the evil one wants to torture me, 3x3 years without any limits
because she is through with the empty life, and with the other one it always
starts again, full of laughter, because
"GOOD FAIRY! GOOD FAIRY!
PLEASE DON'T HURT ME ANYMORE!!!!!"

Ein Mensch kann gesund und munter von den Dingen zurückkommen, die
ihn verletzt haben, aber er wird nie wieder derselbe sein. Als ich beschloss,
deine Träume wahr werden zu lassen..!! Ich wusste nicht, dass du für immer
meine Heimat wärest ....!!

Die teuerste Tasse Kaffee der Welt ist die, die man bei der Verlobung trinkt
und für die man sein ganzes Leben lang bezahlt!!

Dein Vater ist der einzige Mann, der glücklich ist, wenn du stärker bist als
er. Ich fragte ihn "Wo warst du, als sie die Männlichkeit verteilten?"
Er antwortete mit den Worten: "Ich habe Ehrungen verteilt, aber ich habe
Sie nicht gefunden." Ich fragte:"Wo warst du, als ich schon dreimal in der
Hölle verdammt war ?" Seine Antwort: "Ich war da, wo ein Schärge, wo ein
Schuft, wo ein Stümper, wo ein Denunziant, der dein Vater ist, hingehört, in
dem Himmel !"

Ich hätte meine Bedenken.
Verbringe ich … in einer konservativen Partei, derer Häschen,
die fremdenfeindliche Häschen, oder kuscheln lieber mit anderen ?
Verbringe ich den Parteitag derer, der fremdenfeindlichen Häschen
auch noch Bekifft freiwillig, wo durch Dope die Zeit noch langsamer
vergeht, als in deren Gesellschaft ? Verbringe ich mein Freundes leben unter
betrunkenen Fremdenfeinden, würde weltweit Höchst bedauern bescheren !

Betrachten wir mal die MEDIZIN in diesem Land !
Überlebenschance Kassenpatient im % 6 Jahre weniger:

Hausarztbesuche zwecks Selbsterhaltung
vermeiden mit einem Apfel am Tag.

Hautarztbesuche fallen lassen,
einfach keine öffentlichen Toiletten mehr besuchen.

Zahnarztbesuche überflüssig, dessen Gebiss für einen Scharlatan kein
Kriegsschauplatz bedeutet.

Ohrenarztbesuche geht wegzulassen, wer versteht,
dass Ohren sich mit Warmwasser von selbst reinigen.

Psychologenbesuche, völlig außer Frage unnötig, wer schon 1x im Zeitleben
eine eigene Entscheidung fällen konnte.

Ich habe einmal gelesen, dass Wasser ein Symbol für Emotionen ist, und seit
einiger Zeit denke ich, dass ich vielleicht in beidem ertrinken könnte.
~ Jessi Kirby

Sich nicht schämen, teile das Leben mit einem Freund
und kennen uns schon lange,
um ihnen ein Gefühl von Sicherheit und Geborgenheit zu geben
um sie in der Familie willkommen zu heißen
um Ihre Kinder zu teilen und Geschenke zu machen
um zu garantieren, es einfach zu nehmen.
Von jedem anderen Lebewesen lernen.

Wenn hier ein Viertel der Ärzte mittlerweile ins Ausland gingen.
Wenn hier die Rechten in Talkshows sitzen, FDP-Rechte Witze machen.
Wenn im sinkenden Boot, zuerst die Männer die Gefragten,
die die untergehen, die Fremden, die Kinder, dann die Frauen.
Wenn die im Nachhinein wieder übrig, nicht mehr viele sind,
sind die Porsche fahrer, Altklugen, genauso die, welche in dieser Form
der EVOLUTION mit untergehen werden.

Further ado ! Wenn jeder wahllos rum fickte, angefangen vom Dorffest,
dann Wochenende Discos abklappern, dann sich umhören, welche Tusse
lebt auf dem Land so Mutterseelen alleine, wem gibt einer abends' ne Runde
Sekt aus, die Topfrisuren alle, hatte er schon gehabt, vorm Traualtar selbst
alle Mauerblümchen, bis er sich daran die Finger verbrannte,
dass er eine Tochter hatte, die seinen Missbrauch öffentlich machte,
und alle ihr folgenden Vergewaltigten Frauen.

Würden Sie mit den Erwachsenen im späteren Leben
so sprechen wie mit ihren Kindern ?
Würden Sie es einbauen, diesen Auftrieb empfinden,
durch das stete Quentchen Autorität ?
Würden Sie deshalb rechts wählen, weil Sehnsucht nach Macht groß ist ?

79

Man nennt es ADULTISMUS von Eltern, die am unfertigen Kind schrauben
"Sei artig !" zu einer Dressur Reiterin ?
"Benimm dich !" zu einer vergewaltigten Frau ?
"Das tut man aber nicht !" zu einer Ärztin ?
Warst du unartig ? zu Alleinerziehenden ?
"So was sagt man nicht !" zu einem Handwerker ?
"Das denkt man nicht !" zu Andersdenkenden ?
"Das hat doch gar nicht weg getan !" zu Kindern,
deren Kopf bereits im Rumtopf ersäuft ?
"Alkohol macht doch nichts. Schmeckt doch gut !"
zu einem Kind, dass einen Nervenzusammenbruch erlitt.
"Sag mal, wie alt bist du eigentlich ?" zu einem Menschen,
der stets bereits die Flucht ergriff ?
"Na, wie heißt das Zauberwort ?" zu einem Kind,
dass die nächste Dresche voraus sieht ?
"Das kommt davon !" zu einer erwachsenen Frau,
die von Vater denunziert wird ?

Akzeptanz ...

Solidarität ...

Kollegialität ...
selbsttätiges Denken, wird zu intrinsisches Wissen,
für das sich Kinder interessieren, ohne Strafe zu befürchten,
denn die Schule steht über dem Leben der Kinder !

bessere Noten gelten für Kinder nur,weil sie die Erwartungen erfüllt haben,
ein unfreiwilliges Wissen, dass nie wieder aufgerufen wird,
eine Demokratie wird sich nie mit Leben füllen,
wird das Denken der Kinder verhindert.

und alle deshalb Alleinerziehenden, sich alle auf seine Fersen setzten,
"Der ist verkommen !"-"Der Onkel eine Sau !"-"Die Mutter eine Schlampe"

"Der bleibt in Erinnerung das Arschloch weltweit !"
Dann letztendlich steht für MICH fest, bestünden triftige Gründe zu behaupten, besteht die Notwendigkeit ohne weiteres AUSZUWANDERN !

Das sieht lustig aus, hat mir meinen Traum erzählt ! Ich hatte geträumt, dass ich ein total guter Autor bin, aber als ich mir alle meine deutschen und englischen Dateien ansah, bemerkte ich, dass es immer noch NICHTS zum Überleben gäbe ! Es ist, als ob der Ökologe lauthals über den Schmerz rief, den sein Tofu-Burger verursachte, als er hinein biss ! Ich möchte, dass Sie ein möglichst sicheres Leben führen. Aber Sie haben Verwandte, die sich darum gekümmert haben, ich habe diese nicht. Wie viele Künstler und Schriftsteller sind im Laufe der Zeit vergessen worden, wette, diese haben die vielen Frauenfeinde betrunken gemacht und ertränkt, so oft wie das, was ich gepostet habe, diese Betrunkenen, es ist gut zu wissen, wie viele tote Gehirnzellen ich verursacht habe, hihihi

Ich denke über eine Sache nach: Wenn wir in unserem Leben mehrere Gehirnzellen verloren hätten, was würde unser Bewusstsein dann von all den Taten sehen, die diese verlorenen Zellen verursacht haben? Ist es ein echter Verlust von Zellen, wenn man schwer verfolgt oder traumatisiert wurde? Nähren die Erinnerungen die neuen Zellen, die ihnen folgen? Meine Theorie, wenn eine Person auf jeden Fall einer schweren Prüfung unterzogen wird, ist, dass ihre Nerven, insbesondere die im Gehirn, Verluste erleiden, sich dann auf chaotische Weise verbinden und ein System wie eine Fauna in der Natur zerstört wird und es sehr lange dauert, dies wiederherzustellen. Ja, eine verlorene natürliche Fauna ist ein verlorenes Lebenssystem, und das Zurückgewinnen von Leben nach einem Trauma bedeutet, sich selbst wirklich wieder lebendig zu machen. Die Theorie besagt, dass eine Person, die ein Schlachtfeld verlässt, dieses Schlachtfeld wirklich so lange durchläuft, wie es dauert, um wieder zum Leben zu erwachen. Um zur Güte zurückzukehren, sind Verluste nie ein Witz, sie sind Dramen. Gedanken müssen wieder gehen lernen, Emotionen müssen ausgelebt werden, Selbstbewusstsein, Charakter gesehen werden, Licht wieder gefühlt werden, das Blut zirkulieren, der Wille, am Leben zu sein.

Das ist eine gute Sichtweise. Ich verstehe, dass das Altern für die meisten bedeutete, es wegzuschieben. So sehr, dass man dann plötzlich zu fallen beginnt. Dann beginnt eine Charakteristik aller unvollendeten Taten und vergessenen Menschen, aber die Tatsache, dass, wenn man sich vorher um sie gekümmert hätte, diese Alten und Menschen, die man nicht mehr sieht, es niemanden mehr geben würde, der zu einem zurückkommen würde, und man wusste, wer es war. Die kleineren Dinge im Bewusstsein zu haben, sich um die Schwachen, die Alten, die Verletzten und die Kleineren zu kümmern, bedeutete, eine Brücke zum Alter zu bauen, weil man mit den vielen anderen, die sich kümmern, VERBUNDEN IST!

Wenn Sie ehrlich sind, verlieren Sie nichts, aber Dinge verlieren Sie..!
Der Schuh hat eine Zunge, spricht aber nicht, der Tisch hat Beine, geht aber nicht, der Stift hat eine Feder, fliegt aber nicht, die Uhr hat Skorpione, sticht aber nicht, und so viele haben Verstand, denken aber nicht.

Die Rose verrät ihr Wasserbedürfnis nicht.
Entweder es wird bewässert..Oder es stirbt leise..
Es spielt keine Rolle, wer du bist. Was zählt, ist, wer du morgen sein wirst.
Machen wir das Beste daraus. Wir haben alles in unseren Händen.

Ich weiß, wir haben es in unseren Händen. Wenn es zuerst das Universum gab, dann den Urknall und unsere Planeten, die Leben umschlossen, wie die Erde. Es gab Kreativität und wandelbares Leben, die afrikanische Welt und die Sahara, die Pyramiden, den Menschen mit Waffen, die Räder zum Transportieren, das Feuer zum Heizen und bald hatten sie die Gier entdeckt. Dann wollten sie überall Feuer machen, um die Berge von Fleisch der Tiere in ihren Ställen zu essen und essen und essen. Dann wollten sie Milliarden überflüssigen Schwachsinns produzieren, den niemand brauchte, und die Gesellschaft alles sehr verschmutzte und schließlich den Müll wieder verbrannten. Dann sah der Mensch, was er mit seinen Händen tun konnte.

Hilft kein Gebet !

Wenn welche nicht ans System glauben,
wenn sie denken anderen überlassen, wenn sie zweifeln und sich schämen,
wenn sie glauben, beten würd helfen, wenn sie gänzlich meinen,
eine starke fremde Hand wird's richten, was Dumme 70 Jahr verschliefen,
geschunkelt in der Bequeme, untätig in der Boheme, trotzig sich verfehlen,
doch Kinder kriegen, die in der Ecke liegen ?
Wenn welche Angst vor dem Grauen haben, dass im Inneren innewohnt,
es könnten sie gemeint sein, die man ganz allein am Grill sitzen sieht,
mit dem einsamen Bier in der Hand ?
Wenn welche allein gelassen auch von Mutter wahrhaftig vom großen
Schnuller träumen, der sie in fremden Armen wiegt ?
WENN DIE GANZE GESELLSCHAFT ZUM 1.-HILFE-FALL WIRD,
wird es keinen geben, der es IHNEN wieder richtet !

Ich sah einen Mann, der des Lebens müde war, auf diesem Weg mit seinem
Fahrrad. Er sah für mich aus wie ein richtig großer Koala-Bär, und plötzlich
hatte ich eine Einsicht. Er eilte so schnell, um nicht gesehen zu werden, dass
ich dachte, er muss in seinem Leben schon einmal eine Scheidung gehabt
haben, diese eine Frau war wirklich sehr gemein zu ihm, sodass der dicke
Koala-Bär seinen Futterbaum verlor, also wurde er wirklich sehr gierig, den
nächsten Futterbaum zu finden, und beeilte sich, um besser drei zu finden,
weil sein Hunger sofort groß war, und sagte sich, dass die nächste Frau, die
er hatte, sich nicht zu allem von ihm ausstrecken würde. Sein Panzer war
der Fahrradhelm, die Brille auf seinen Augen und sein sehr weißer Bart wie
der einer kleinen Ziege. Sie sollten ihn kennenlernen. Das war meiner
Meinung nach sein Grund, warum dieser große Koala-Bär so schnell eilte!
Ich denke, der Überlebensgedanke nach einer verlorenen Liebe macht das
Herz eines Mannes zu einem Banausen. Ja, diese Art von Liebe und
Beziehung zu einem wirklich sicheren Hafen, sonst findet der Koalabär
seinen Baum nicht zum Fressen.
Ist derjenige ein Akademiker, oder hat er geschworen, sich die Summe, die
er nicht studiert hat, von dem Akademiker bezahlen zu lassen, oder wird er
schließlich als der schlimmste Feind der Demokratie bezeichnet, weil ihm
seine erste Liebe dem besten Sohn seine erste Form gestohlen hat ?

Ha, wir sind die Leute, die bestraft werden müssen. Ja, es hat sich gezeigt, dass die meisten Fahrradfahrer es benutzen, weil ihnen ein Rückgrat fehlt.

Es ist heutzutage nicht leicht, ein Mensch zu sein, wie ich sehe, im Vergleich zum Koala wächst die Panik, jedes Mal, wenn der Baum leer gefressen wird... Sobald der Koala high von Eukalyptusblättern ist, geht es ihm wieder gut. Mama Bär und Koala-Papa, hahahahaha, und Papa liegt immer auf der Couch hoch oben im Eukalyptusbaum und schafft es nur, wenn seine Frau auf ihn klettert.

Das deutsche Volk erinnert daran, jemand zu sein, der niemandem schadet Artikel 1/2 ... Das deutsche Volk bekennt sich zu den unverletzlichen und unveräußerlichen Menschenrechten als Grundlage jeder menschlichen Gemeinschaft. Wer wollen wir sein ? Wie wollen wir miteinander leben ? Das sind aber keine 10 Gebote, und wir sind nicht Gott ! Säße da wirklich Gott auf dem Sofa, der das erfunden hat, fiele ihm das bis ums Verrecken nicht ein ! Er wollte, dass ihm keiner auf den Sack geht, und meinte es nicht gut mit ihnen. Du solltest auch allen anderen Ameisen nicht auf den Sack gehen.

Der Weihnachtsmann ... ja, er fickt tatsächlich jeden Tag in der Woche seine Frau, dann fickt er jeden Tag in der Woche mit seiner Affäre, dann geht er jeden Tag in der Woche ins Bordell und masturbiert auch jeden einzelnen Tag in der Woche, sodass seine Karotte so sehr brannte, dass er seinen Arzt fragte, ob das der Grund sei, warum er den ganzen Tag masturbiert! Eine Karotte am Tag hält den Arzt auf Abstand, keinen, der als Schatzmeister mitmacht, um Würstchen zu grillen, die Goldene Hochzeit mit allen im Svinger-Club zu feiern, warum kommen die Kinder nicht mit, ist das was für die Kinder, wenn Papa im Weihnachtsmann Kostüm erscheint?

- Professor, warum haben Sie mir die schlechteste Note in diesem Abschnitt gegeben?! = Weil Sie nichts von Logik verstehen.
- Verstehen Sie alles von Logik?! = Ja!
- Ich fordere Sie, Professor, zu drei Fragen heraus. Wenn Sie sie nicht beantworten, machen Sie aus meiner Note die beste Note in diesem Abschnitt!! = Ich stimme Ihnen zu, geben Sie mir die Fragen..

- Okay..
1- Was ist legal und unlogisch?
2- Was ist logisch und illegal?
3- Was ist illegal und unlogisch? = Ich kenne die Antwort nicht!!

- Machen Sie aus meiner Note die beste Note in diesem Abschnitt, und ich werde die Fragen beantworten..
= Okay, ich habe sie gemacht, machen Sie weiter!
- Gut..
1- Sie, Herr Professor, sind 60 Jahre alt und mit einer 24-jährigen verheiratet, und das ist legal, aber unlogisch..
2- Diese Frau betrügt Sie mit einem 25-jährigen Kerl, und das ist logisch, aber illegal..
3- Sie haben einen faulen Studenten wie mich in der Fakultät, der nichts von Logik versteht, und Sie haben ihm gerade die beste Note in der Fakultät gegeben, und das ist unlogisch und illegal!!

Haha, dieser Witz ist gut. Ich habe nie mehr mit einem Professor gesprochen, seit ich aufgewachsen bin, aber in meiner Nachbarschaft, in dessen Haus ich als Kind nackt herumgelaufen bin. Ich weiß nur, dass er nie ein Wort gesagt hat, sondern ein sanfter und freundlicher Ehemann, aber er ist sehr plötzlich gestorben, das ist traurig. Und seine Frau hat mich emotional adoptiert, sie war die bessere Mutter für mich, sie hatte die gleiche Familiengeschichte mit einem schlechten Elternhaus, aus dem sie entkam, also war sie nicht nur meine Mutter, sie war auch meine Schwester, und als ich aufwuchs, hat sie mir einmal erzählt, dass sie ihre Vagina herausgenommen hat, weil es genug war, Kinder, die sie hatte, reichen jetzt.

Aber von diesem Tag an war ihr Mann todkrank, sie hat mich darauf hin nicht mehr als bekannte Person in der Stadt wahrgenommen.

In der Mitte ihres Wohnzimmers stand ein Baum, der vom Wald war und bis unters Dach reichte, und dort tanzte sie mit ihren Besuchern, ob jung oder alt, griechische Tänze. Sie nahm alle an die Hand und lief mit Musik aus einem alten, sehr kleinen Plattenspieler, immer dieselben Lieder und derselbe Tanz.

Ein bundesweites Bündnis setzt sich in Deutschland für die Legalisierung der Abtreibung ein und hat nun eine Kampagne gestartet. Die Forderung ist nicht neu, hat aber in letzter Zeit neuen Schwung gewonnen. Die Sozialisten in Brandenburg haben die Wahl mit viel Glück gewonnen! Ich denke jetzt für unsere gesamte Demokratie und unsere Zukunft, dass ich in Zukunft besser die SPD, die Sozialdemokratische Partei, wählen werde und nicht mehr die Kleinen. Das ist viel wichtiger, und Brandenburg hat das bewiesen. Ich sehe auch die Gefahr der Konservativen, die die Macht um jeden Preis wollen und die viel feindlicher gegenüber Ausländern und Frauen und allen Freiheiten in unserer Demokratie sind.

„Die extreme Rechte und die Konservativen tun alles, um an die Macht zu kommen und Gesetze zu ändern, um Länder in Polizei- und Militärstaaten zu verwandeln, die bereits Reichen zugutekommen und die Solidarität töten." Das sind große Worte, aber man muss immer hinter die Kulissen schauen, hinter die Fassade, unter die Oberfläche. Das beginnt im Detail, wie die üblichen Informationen über die vielen rechten Ostteile Deutschlands, die darauf hinauslaufen, dass die meisten normalen Zeitungen schließen und keinen Profit mehr machen, und dann diese kostenlosen neuen Schmöker in allen Zeitungshäusern, die von rechten Journalisten gemacht werden, die die AfD unterstützen und Falschmeldungen und Hass verbreiten, verteilt werden. Desinformation ist die größte Gefahr. Die Verbreitung von Hass in den Mainstream macht Gewalt zur Normalität, die Untergrundaktivitäten bleiben unsichtbar. Der meist schlechte Unterricht in den Schulen besteht darin, die Schüler zu zwingen, zu gehorchen, zu lernen und sich alles einzuprägen, sie zu unwilligen Maschinen zu machen, die durch Zuhören und Folgen erfolgreich sind. Von dem Tag an, an dem ein junger Charakter schlecht wird, ist für ihn ein gewonnener Krieg, und dieser junge Mensch wird nie wieder einem Menschen in Not helfen, und die Solidarität nimmt ab, und die Menschen schauen weg, der Krieg ist größer, und man sieht ihn überall auf der Welt, sogar im Supermarkt infiltrieren oder manipulieren sie oder bedrohen die Leute beim Bezahlen, und ich habe sie im Auge, wenn sie Unsinn reden und diskriminieren, erzähle ich ihnen lauthals etwas. Aber ich werde nie derjenige sein, der diese Welt für DICH verändert, wenn nicht jedermanns Gehirn das aufnimmt, unabhängig zu handeln, genauso wie privates Handeln, dann wird diese Welt nur mich haben, der handelt, und sonst niemanden, es ist einfach jedermanns alleinige Verantwortung für Zivilcourage, jeder versteckt sich hinter dem, was auch immer ein verlorenes System in der funktionierenden Demokratie ist, und die großen Löcher funktionieren nicht mehr, um das System zu schützen.

Meinte ich jetzt ehrlich, das "Heiraten" für mich hieß,
ab jetzt nur noch gemeinsam zu zweit allein in die Sauna ?
Meinte ich, alltäglicher Smalltalk beschränkt sich auf die Braune Tonne ?
Meinte der andere noch, die Geräusche abends zu Bett
würden andere Länder aufwecken ?
Ich fühl mich gerade da hinein, ich sage "NEIN",
dann käm der Metzger noch auf Ideen, wie sich mein Gebiss zu vergleichen,
mit dem Knochen eines Schnitzel, meine Figur zu betrachten,
wie ein graues aufgemotztes Rind, meine Brüste zu bezeichnen
als die Glocken seiner Großmutter ?
Würde auch noch eheliche Pflichtausübung verwechseln müssen
dabei Augen geradeaus aus dem Fenster zu halten, die Stadt besichtigend ?
Wenn dir dein Vater rät, "Versuchs mal mit Körpertherapie !" dann weißt du,
seine Annäherung fängt nur wieder steif an,.Wenn dein Partner rät,
"Versuchen wirs mit Partnerjoga !" was beim Mann nur heißt in
Schlabberhose "Gemütlich grüßt das Baumeltier !" und wie mit dem Einen
so auch nicht mit dem Anderen, folgere ich daraus "Ich werde mit beiden
keinen Sex haben !" und war alsbald schleunigst "Ab vom Hof !"

Ich reagierte schon bei der ersten Andeutung
eines schulisch schlechten Lehrer Witzes,
dass ich den Raum durch das geöffnete Fenster verließ.
Als junge Frau hatte ich auch noch nicht den SONNENGRUSS in der Hose
wie viele andere, mehr dass die erfahrene Gewalt in mir sprach,
als hatte sich mir der Körper verabschiedet für 40 Jahre.
Das bezeichnet sich eher als Weinkrampf Wolkengruß.
Sag mir keiner, die Darstellung von Gruppensex
wo jeder in seine individuelle Tierstellung verkeilt, derart im "OM"
inbegriffen aus allen Körperöffnungen GRUNZT,
und der Mann abends dann sagt, "Schade die Eichhörnchen Stellung haben
wir noch gar nicht beide ausprobiert !" übt Euch in PARTNER KACKEN,
DANN SIND WIR GETRENNTE LEUTE !

Der letzte Südländisch Aussehende, den ich zum Partner hatte, 25 Jahre
zuvor, war ein halb Österreichisch abstammend 55 Jahre alter weißhäutiger
Glatzköpfiger mit wenig Zähnen im Mund, er war tatsächlich unbenommen
das ALLERLETZTE, so hat auch seine ganze Familie sich geäußert !
Der GLAUBE ans GUTE allein, hat noch nie weit gebracht !
Wer eine Hilfe beim Unfall sucht, wartet schon mal stundenlang.
Wer auf Hilfe ohne Benzin aber hofft, erwartet eher keine Hilfe von "oben".
Wenn der ADAC bei Pannen auf keinen Abschleppdienst zurück greift.
Dann stellt die Kirche heuer auch keinen "Erlöser" zur Verfügung !

Die Freiheit eines jeden Bürgers in Amerika ist eines jeden Recht.
Und kein Weißer Mann darf darüber bestimmen, was eine Frau mit ihrem
Körper zu tun hat, über den nur sie bestimmt, und auf keinen Fall ein
Populist oder Mann, der selbst eine Frau vergewaltigt hat !!

Der Teufel - Leute ! der ist längst da,
"Die Einfallspinsel !" die für Geld alles machen.
"Die Treudoofen !" die selbst in einer Schachtel leben
und die "Die Blauäugigen !" die sich Tattoos stechen,
weil es andere raten. Arglose Menschen sind Tatsache !

Alle wird man eines Tages Pleite machen auf alle erdenkliche Weise:
als Fake-Handwerker mit Materialkosten,
als Handlungs armer Diakonischer Pfleger,
als Geburtshelfer, dem Kaiserschnitt bares bietet,
als Therapeut, der in 10 Sekunden alles verspricht,
als Placebo Doktor, der sie auf Fentanyl bringt,
als Vater, der nur die Hände nicht vom Sack nimmt,
als Verkehrsteilnehmer, der dich im Graben liegenließ,
als Automechaniker, der die Elektrik sabotiert,
als Städteplaner, der Bürgern das Wasser abzapft,
als falscher Pharisäer, der Politik zur Hand nimmt,
als Lehrer, der seinen Doktor nimmt, nichts zu vermitteln,
als Altenpfleger, der keinen Sonnenschein bedeutet,
als Kurhotel Betreiber, der Kunden nur fetter entlässt,
als Kaufmann, der dir das letzte Hemd auszieht,
als Arbeitsloser Anwalt, der sich für Gott hielt,
als Sekretärin, die sich kollektiv benutzen ließ,
als Soldat, der jeden Traumjob zu geschanzt kriegt.

Das GG zu befolgen heißt, undemokratische Parteien auszuschließen. Wir
sollten dies befolgen,uns nicht zu Werkzeugen schlechter Umtriebe machen.

Irre sein ist ein Rausch der Sinne.
Jeder wünscht sich ein Denkmal herbei.
Ihre Hälse sich zu Macht recken. Ihr Paragraph Dumme zu sein obendrein.
Jeder ein Muttersohn, und Papa's beste Tochter.
Ihr Neid und Missgunst groß. Irre, die Demokraten abweisen.
Ihre vergangene Leere aufzufüllen. Ihr Ticktock in Köpfen.
Ihr Outing als Psychopathen. Jeder würde gern mal schön und berühmt...

Ist es da wohl das stete Murmeltier, das missbrauchte Menschen grüßt,
ihnen ausschließlich nur, den sofortigen, echten, wahren, besten einmaligen,
schnellen SEX beim Grüßen auf der Straße anzubieten ?
Wie lange noch.... leben wir in dieser Menschenleeren Wüste ?

Hut ab ! Was ist das ein Seemann, der absäuft eigentlich täglich,
um vor den Matrosen … wieder aufzustehen, damit er es nicht mit ansieht,
wie ihnen hofft er bald die Felle davon schwimmen werden, und sie das
Haus verlassen, und ihre Gewinne anderswo einstreichen, und mögen sie
alle fett damit werden, und er ihnen endlich beim AUSMISTEN zusieht,
und jedes FEST sein ENDE hat ! Ich könnt mich bekacken vor LACHEN !

Heute ist es gegeben, dass ein modernes Mädel für Geld alles tut,
im Glanze schwört sie schreiend, nicht verwerflich.
Heute aber liegt ein Mensch flach da auf der Straße,
alt, ohnmächtig, röchelt. Zuschauer dürfen sich fern halten.
Das moderne Mädel aber zu fein, sie studierte immerhin
feinste Veterinär Medizin, also alles über Tierversuche.
Tochter mit dem Lammkotelett bio, was hat die denn wohl mit Menschen
mit stinkenden, röchelnden Alten, die sie gerade überfahren hat zu tun ?

Pass auf ! Die feinen Damen von Haus aus.. ihnen geht es nicht auf Affäre
hinaus, ist der Eindruck die Ehe disfunktional, geht es nur um ein Neues
Leben anderer, ist der finanzielle Schubs Gutmeinender, geht es all die
Menschen an, in Syrien, in der Ukraine, in Indien, Afrika,
es hat ihr geholfen, ein Hilfsprojekt zum Start, Geld des Mannes spenden,
da die eignen Kinder unsozial waren, und die Lavendel Phase vorbei
gegangen, und man davon spricht, „Wie Viele Leute in Aller Welt leiden",
muss der Drang entstehen, allen ein Standbein zu besorgen, Mutter Theresa,
um auf Platz EINS der Beliebtheits-Skala zu gelangen, Töchter zu preisen.

Egal jetzt in der Nachbarschaft, die künstlerische Frau bietet dort mit echter
Literatur an, ihr Leben lang man sie zeitlebens beschissen, die Frau nur mal
vor dem Mann zu grüßen, nach vergangenen 40 Jahren, die sie schon drauf
gewartet hatte, das ist schon an regionaler Soziabilität wirklich genug !

Ist der Teller leer, muss die Mutti her !
Ist der Plan die Zukunft, muss erst der Gewinn schrumpfen.
Ist der Abtrieb sogleich, muss das Personal gehen.
Ist das Vorne noch so schön, muss das von Hinten Geschmack haben.
Ist der Kaffee alle, muss Kaffee vom Café herhalten.
Ist der Kuchen ohne Äpfel, muss die Frauengruppe pflücken.
Ist der Moppel immer gut drauf, lernt der Moppel gut laufen.
Ist das Hemd phosphoreszierend, schmeckt das Gewächs, nicht das drinnen.
Ist der Freund erst abgetaucht, verbindet uns die Tiefe der eigenen Seele.
Ist die Liebe aus Gier entstanden, hat einer sich die Finger dran verbrannt.
Ist das Eis erst erkaltet in der Hand,
läuft ihm auch noch der Kaffee auf und davon.
Ist die Poesie einfach in Worten gesagt, platzt Komplizierten der Kragen !

Alle so damals Frauen mit einer Ansicht.
Heute stehen sie da, ganz unmotiviert.
Alle wollen sich vor allem manifestieren.
Heute denken sie alle nach, warum andere locker sind.
Alle verstehen, was sie früher gemacht haben,
heute trinken sie Kaffee und haben Spaß !
Wollten jedes geschriebene Buch als Blumen bieten,
heute schreiben sie … die Romane sich selbst.
Alle fordern von den Deutschen Pimmel kostüme,
heute rätselt man, es sei eine deutsche Verschleierung.

Die entfernten Tanten, die ich kenne,
je weiter entfernt, sie rappen umso gruseliger,
die ich bediente, je treffsicherer, blieben sie mir entfernter,
die ich besang, sie pfiffen auf mich,
die ich zu mir einlud, sie schrien ich soll das Land verlassen,
die ich irgendwann meiden wollte,
sie hielten das Kind in mir wie eine brennende Fackel in der Hand,
und riefen hinauf zu mir, ich solle den Frieden der Familie wahren,
sie hätten sich sehr gefreut, aber nun isses auch gut.

Ich brauche keinen Spanner "Gott" ! Ich bin aus dem Fuckboy Kreis raus !
Ich rieche gut. Ich bin sehr selbstbewusst.
Es macht keinen Sinn, mich als Sinn leer zu bezeichnen,
da mein Papi nicht zu mir spricht. Ich bin nicht sexuell frustriert.
Ich befinde mich privat eigenständig.
Ich bin schlau genug mich frei zu fühlen.
Dazu brauche ich nicht in die Kirche !

Fern der Wirklichkeit, und hinterm Mond gelegen,
fehlende basierende Bildung des Lebens,
so kein jeden Tag an deinem Leben dran sein,
stetig dagegen zu betrachten, was läuft,
nur dem Seelenfänger ausgeliefert,
die greifen die ab, nicht um die zu bereichern,
das größer zu machen, was die empfinden,
der nur sagt, komm, wir sind gemeinsam "dagegen"
nicht um einen reicher zu machen, sondern ärmer,
nicht wahrnehmbare gefühlte reelle Politik, überall
das Aufstiegsversprechen gar nicht erreichbar,
wird der Mensch müde, weil chancenlos,
und das Gefühl der Verarschung einsetzend,
kaum mal befreit, nur auf den Hund gekommen,
Sonntags mal im See schwimmen, das war's,
ein politischer, ideologischer, identitärer Verlust,
die Wohnfläche der Auenlandschaft für die Menschen,
ausgebeutet, ausgelaugt, leer gepumpt, heute inexistent,
der Mensch darin verblieben, was machen wir mit ihm ?

Manche Dinge, die nicht sofort so passieren, wie ich es mir erträumt habe,
können mich aufregen. Nicht alles läuft ideal, wie ich sehe. Manche
Ereignisse in der Außenwelt passieren so dramatisch und schnell und
schrecklich, dass ich mir Sorgen mache, was mein Sohn aus eigener Kraft
mit all diesen Nachrichten anfangen wird? An manchen Tagen treffen wir
uns zu einem Interview und verbarrikadieren uns unten im Untergrund. Um

zu sehen, wie in einem U-Boot unter der Oberfläche, und in unserem Gehirn alles erledigt wird, was unsere eigene Welt am Laufen hält, aber wir denken nicht darüber nach, was außerhalb dieses Raums, in dem wir sprechen, passieren könnte, und wenn wir wieder herausklettern würden, wäre möglicherweise der ganze Rest der Welt ertrunken. Was wir also immer im Kopf haben, ist nicht das, was da draußen um uns herum schnell passiert, und wir können wirklich nicht alles kompensieren !

Leftie Vives only !
Junger Mädchen Influencer Touch zwar im puren Dauerreden unübertroffen aber sie wollen als leere Hüllen die "lustigen alten Weiber" sein,
die sie erstens nicht sind, und man hat ehrlich noch keine
"lustige Influencerin" gesehen, daneben Inhalt los der Esprit fehlt.
Nur die "Leftie Vibes" sind Gang und Gäbe, Kaufmännische Triebe
ankurbeln, wie erste gewaltig Große Liebe, wo es sich fände im Internet, ohne zu sieben, also sich den Passenden, das Passende nach Aussehen und Preis zu suchen, dann einmal Kaffee to Go, Schnellheirat und nie mehr wieder dem Mann an der Seite zu erlauben, sein Maul aufzukriegen, damit man letztendlich auch gewährleistet, schlafend nebeneinander zu liegen !

Ich hatte geträumt, dass ich in Schleswig unter all den Tausenden von sozial arbeitenden Frauen wäre und zu einem großen Fest ginge und den geheimen kurzen Weg zum Eingang kenne, aber herumlaufen und alle Glasscherben in der Umgebung aufheben müsste, als ich einen Blick in die Vergangenheit in einem Raum warf, in dem ich einen Mann wiedersah, den ich vor über 35 Jahren kennengelernt hatte und mit dem ich später Schluss gemacht hatte, weil er sich weder körperlich noch geistig bewegen konnte und hart zu mir war. In Wirklichkeit gingen wir beide auf viele Reisen, aber später ging es endlich zu Ende. Dann ging ich in diesem Traum unter all diese Frauen, auch die echten, die ich getroffen hatte, und dann gab es ein riesiges Publikum, das mir nur für meine Lebenstaten applaudierte!

Der Mensch ist gut, zählt man nicht Milliarden A-Löcher,
die zählen mit, was geht, all deren Konzertbesuche, Theaterauftritte im Abo,
all deren Komödien Abende unter Freunden, deren Stars von der Bühne,
die Ach so - Sozialen Menschen von uns, es benötigen, sich auch mal über
die "Kleinen Dinge des Lebens" zu freuen, die gegen einen Eintritt
wenigstens immer Auserwählte Steuerzahler fragen:
"NA..., geht es euch auch gut ?"
Antwort: "Wer dafür zahlt, ist ein Guter." An welchem Ort glaubt Gott ?
Hätten wir Antworten,... ach was, warum danach suchen ?

Sex in der U-Bahn gilt als Metro-Sexualverkehr.
Sex mit der Vorgesetzten gilt als üblicher Berufsverkehr.
Langlauf neben einem dummen Esel, Kopf an Kopf Rennen.
Langlauf in der Wüste, man bleibt eben alleine.
Urlaub in Sylt, rechte Haken aufsammeln.
Urlaub in Rügen, mit der Highsociety konkurrieren.
Mutterschaft in Deutschland, und du giltst als Schlampe.
Kinderwunschgedanke, und Vater sagt: "Treibs ab !"

In Frankreich, mein Bruderland, dem Land der Feudalen,
dem Land der Beamten, dem Land der Vorsteher,
dem Land der Kolonialen, dem Land der Ex-Legionäre,
dem Land der Bauern, ist jedes 5. Kind Armutsgefährdet
fallen oft die Kinder ganz durchs Raster werden vor keiner Gefahr
geschützt, werden geboren und leben in Zelten, ich erinnere mich im Urlaub
vor 25 Jahren, mein Kleinkind hatte Flohbisse, Arzt im Hospital sagte nur,
das müsse man mit dem Skalpell einfach alles wegschneiden,und "Tschüss"!

JETZT habe ich mein eigenes kleines Privatbuch in Händen, es hat
besonders hochwertiges Papier, brillante Fotografien meiner Bilder und
Gemälde und es ist unglaublich gut! Ich bin nur ziemlich traurig, dass es
nicht das Beste ist, um es Leuten zu veröffentlichen, die es nie verstanden
haben ... aber es wird gut sein, dem Jungen zu Weihnachten meinen
Fußabdruck zu zeigen, wenn er mit Arne zum Essen und Reden kommt.

Es ist weit mehr als ein Tagebuch, als eine Autobiographie, aber es ist die
Essenz von allem zusammen und die Erklärung meines innersten Kerns.
Ich unterhalte mich am liebsten mit ausbalancierten Menschen,
deren stoische Ausstrahlung auf die Schönheit und Liebreiz ausgerichtet.
Ich muss meine Beine nicht betonen, oder meinen Nabel lobpreisen,
oder so dünn sein zu müssen, dass meine Menschenfeindseligkeit
sich so dünn zeigend wie eine von ihrer Kälte dargestellte Militär-Waffe,
die einer unter dem Arm trägt, und selber aussieht wie Gehacktes !

Wenn Menschen deren Kinder feiern, sie annehmen, ernst nehmen,
akzeptieren, sie anstatt der feindseligen Welt Stelle feiern als das, was da ist,
denn Kinder zu heutigen Zeiten muss man lieben ! Wenn Menschen aber das
Kind foppen, ihm die eigne Psychokacke und Befürchtung als Lüge auf den
Leib zu schneidern beginnen, sie zeitlebens versucht in die Flucht zu
treiben, gefeiert nur den Hass, der da ist, denn die Leute ihrer
Unzulänglichkeit bewusst ! Dann wünsche ich noch Guten Appetit !

Wenn Peter Lustig, der Kinder Alleinunterhalter nach 100 x Kinder
Programmen einfach alle Register zieht und äußerte:
"Ich kann Kinder eigentlich gar nicht leiden !" sind "Grüne" trotz
drohendem Jesus kreuz, trotz Missionierung heutzutage doch nicht mehr
"das Heroin fürs Volke", das zeigten früh damals auch die Hugenotten, die
keiner mochte, und "Wie es in den Wald rein schallt, so schallt es auch
wieder raus !" Stehst vor deiner Bühne, auf der eine dicke Nackte
in Öl eingerieben auf der Puppe sitzt, die ihre Persönlichkeit betrifft,
und hat ein Messer, mit dem sie auf ihr Selbst einsticht, wobei dem
Zuschauer von da oben eine Sache mitten auf den Kopf fällt, er könnte
davon betroffen sein, sich jetzt dermaßen aufzuregen, ein für alle mal laut zu
werden, seinen Garten zu verteidigen, und selbst die stachelige Hecke
seinem Ärger freie Luft zu machen, und verjagt die Öko Tusse vom Feld,
was er ihr schon immer mal sagen wollte, doch es nie getan hat, und nie
wieder von ihren ACHSOGUT gehegten Palmen und ihrem Grünen
Daumen etwas wissen wollte, weil es ihn ab hier und heute nichts mehr
angeht !

SO IST ES UNS DOCH ALLEN SCHON ERGANGEN !
Es ist bekannt :

Rechte Autokraten bedienen sich durch die Hintertür an Steuergeldern !
Ihre Schlösser kannst du sehen ! Die wunderbare Welt der Schmierkraft !
Rechtspopulisten machen Politik für Reiche !
Sie verkaufen deren Bullshit an Kleine, die es glauben !
Kein Diktator ist je als arme Kirchenmaus geendet. Sein talentloses
Verwandten Rudel macht jetzt auf Beschiss bei Bitcoin. Sein großer
Fischzug durch Demokratie; klammert sich an der Bibel fest, in deren
Evangelium Gottes II. Sohn, sein Sohn Donald drin vorkommt, wie es
heutzutage alle Populisten träumen, weil sie sonst eine Justiz in den Knast
steckt. Sein Spielgeld zeigt, für eine Mutter ist jedes Kind schön .....

Die meisten die sich beschweren,
wenn ihnen etwas nicht in den Kram passt,
indem sie dabei jammern, als dürfe es das nicht geben,
die meisten Beschwerden, die am häufigsten kommen,
ist ihre Wichtigkeit zu betonen, dass ihnen irgend etwas nicht passt,
die sich beim Gesprächsleiter beschweren,
die anderen dürften mehr reden als sie selber,
die wenigsten haben gelernt, dass die Alten,
so ab 60 noch ganz genau Bescheid wüssten,
dass es gänzlich auf Demokratie ankommt,
so mit Hundehaar Allergie eben noch einen Zweithund dazu nehmen,
so mit Apfel Allergie eben doch täglich Äpfel essen,
so mit Parfüm Allergie hinzu mit Juckreiz gerne Parfüm auftragen,
so mit Pollen Allergie dennoch Grüngemüse und Obst verkaufen,
so die laufende Nase das ganze Jahr vertreten,
aber behaupten, sie seien ja nicht aus Zucker !

Ich weiß, was alle "Männer" online täglich versuchen, was gewöhnliche
Geschäftsleute tun, Ihre Kunden erfahren es wie deren Frauen, Notlagen
aufspüren, große Versprechungen machen, über'n Tisch ziehen, und dann
genüsslich ausnutzen bis nichts mehr da ist. Die Torschlusspanik erfahren
sie selber, eine Frau aus Europa ehelichen, damit deren Kinder und
eigentlich das ganze Land und Leute vereinnahmen, und geschröpft allein
zurück lassen, also in Wahrheit plündern und deren Kind schlichtweg
LOSWERDEN, dahinter steckt ein politischer Gedanke.

Als sei ich klein.
Als sei die Wohnung günstig.
Als das Kind nur hoch begabt.
Als ich das abschöpfende Schnäppchen.
Als müsse eine Ehe Anbahnung mit alle denen, eine "Investition" sein,
doch wenn ich richtig bedenke,
"dass eine solche Investition für mich nur ein zu hohes Risiko wär !"

Stuhlkreis beendet, ohne Beruf und andere berufliche Aktivitäten
Geschlechtsneutraler Vorstehenden, Sitzenden
nicht zuletzt im Kreis ums Feuer von schwarzen Zeltwänden umgeben,
wo wabernde Feindlichkeit sich wähnt, und kaum schwer zu übersehen,
sich im Kreis durch die Nächte umher bewegt,
wollüstig dahin gelegen sich gegenseitig ergeben,
kaum überhörbares Gewimmer Leidender,
deren nonverbales Lauschen unerträglich wurde.

Der Investitionsstarke Deutsche HEUTE ..... abgesehen von damals,
als ihm der Zeppelin verbrannte, der Erfinder des Buchs,
als ihm derartig viele Bücher verbrannten,
der in den letzten daraufhin folgenden 70 Jahren, laut Legislative
durchaus billigend mit ansieht, wie als Neuerfindung Väter
deren Finger an den eigenen Kindern missbräuchlich verbrannten,
so lassen bekanntlich die Prominenten Erfinder Deutschlands
ein gewisses Maß an "Continence" zu Wünschen übrig !

Die ganze Sippe bis zur Schwester
beisammen zum Familienfest
ich wollte ihre Lammkoteletts nicht essen
die Kusine von der Insel runter gekommen
jammert, jemand hat sie pleite stehen lassen
der Cousin derweil hängt nur am Küchenfenster
wo er mit dem Kuscheltier masturbiert,
weil ihm die Frau und Kind davon gelaufen,
ein Fest, wo einer unter vielen der Einsamste ist,
die Oma trinkt am Schnaps, weil ihr der Name sagt,
dass die Flasche von der Apotheke kommt,
von der Farce unbeeindruckt war ich teilnahmslos,
und habe der Familie entsagt, zweifle an dieser DNA,
war bestimmt mal adoptiert.

Was schenke ich der Gesellschaft heute Abend ?
Ist es eine Achtsamkeit - Studie wohl möglich,
wenn ich ankomme mit einer verpackten Torte,
und der Partner vor den anderen die Fresse hält,
sie brauch ja nur dem Zapfsäulenschlauch die Pussi stellen,
wer zusammen feiern kann, besäuft sich,
doch wo meistens Paare erschienen, die nicht hin gehören,
die einen oder anderen würden für ein Gemeinsam lied bezahlen,
die aber nicht dazu gehören dürfen, und es sich nicht leisten können,
sie haben bestimmt am Ende alles kommen sehen,
wozu der ein oder andere lieber seine Fresse hält.
Ein Partner selbst der Vierte in dessen Reihe bestätigt dir,
für 'ne Stunde länger oder so, begeistert die Begleitung zu stellen,
da bei der Grillparty von zwei Milfs noch mit ihr und dir,
geht es nach hause wie nach dem Tauchgang durch's Klärbecken,
aber es wird doch preiswert gegessen und gefeiert,
dass andere drum herum leben, die sind wie sie sind,
das Fremd shame Syndrom gilt Leuten, wegen denen mir das peinlich ist,
denen es selber nicht peinlich ist, und du einfach nicht mit feiern wirst.

Ich stelle mir einfach mal so vor,
wie es als Berühmtheit wär,
und wie ich nach drei Monaten zurück sehen würde,
wie Leute, die mich sechzig Jahre wie die Pest gemieden,
auf einmal mit mir alles anstellen wollen,
gemeinsam trinken, fressen, frühstücken, unterwegs sein.
Ich würde in legeren Klamotten antanzen,
die Schlager ihrer Party würde mir zu singen,
erst noch ein bisschen auf die Trainingsbank,
bis zum Schwitzen, werde ich auf einmal ihr Freund,
weil der Joint, der herum geht ist dein Freund,
mir fällt nur ein, dass die Flaschen, die sie leeren,
bestimmt nicht im Abholkorb für Sammler Abholbar bereit,
die zusammen betrunken der Einsamkeit entfliehen,
diese Art von Ruhm, ich könnte schwören, ein Traum,
lassen den Flaschenpfand am Morgengrauen ziehen.

Eine Hochzeitsrede hielt man zuletzt,
sah ein bisschen aus wie eine Rede vor Engeln,
die im Müll auferstanden, nach der Feier,
die diesen Ort nie wieder besuchen werden,
oder vielleicht jetzt schon geschiedene Leute sind.
Wollte mir ein Mann sein Haar nahe bringen,
würde ich rennen, weil meinen Hund streichel ich schon.
Es ist so wenig hip zu heiraten, wie die Intelligenz anderer
mit der Garantie die Kunst zu verstehen, zu verwechseln.
Es ist die nachgeahmte Kunst, wie nachgeahmte Hochzeit.
Es ist keine Zukunft, die sich auf Nachahmung aufbaut.
Es ist keine Gesellschaft, die in einer solchen Blase aufgeht.
Es ist keine Demokratie, die in Scheinblasen fort bestehen wird.
Erst halten sie eine Illusion für wirklich. Dann beginnen die Schmerzen.
Dann adoptieren sie einen Goldfisch, füttern einen Schoßhund,
bezeichnen ihre Sucht nach Whiskey, als den Hund, der keinen Namen hat.

Abgelegte Träume sind wie verschenkte Kleider.
Sie werden eingesammelt, nicht an Arme vergeben.
Die Reichen sammeln Altes und öffnen einen Laden.
Dort wird das Alte als Retro schick teuer verkauft.
Der Künstler wird nicht mehr gefragt, der was kann.
Der Konsument und Rocker, der Punk will zum Flughafen,
und der Künstler fährt ihn mit dem Taxi hin.
Auf der Bühne wird der Künstler gerade noch geehrt,
dort kann sich sein Publikum mal an den „Kleinen Dingen" erfreuen.

Obwohl ein Vater wie ein Nashorn sich auf die Tochter stürzt,
er bleibt trotzdem Vater, er versorgte die Kleine weiter,
schlug noch ein paar mal zu, und jagte sie beizeiten vors Loch,
ist doch auch einem von der Roten Armee gleich gewesen,
dass er seine Frau erst vergewaltigte, und dann bei ihr blieb.
Er hatte den Traum eines Psychopathen, der bald sterben würde,
dass er seine Tochter eines Tages so weit hätte,
dass sie dafür töten würde, um ihn loszuwerden,
dass sie ihn in tausend Stücken in seinem Garten verteilte,
dass sie es zum Verbrennen seiner Leiche nicht mal schaffte,
dass er als ein Geist immer da sitzen würde, der nach seinen Auftritt ruft.

Ein Vater verglich alle guten Menschen nur aus Verachtung
mit „dem guten Menschen aus Sezuan",
seine Trauerweise wie wenn die zerdrückte Zitrone in seine Augen spritzt,
was einer wie er im Garten pflanzte nur Salat Herzen, die er alleine isst.
Sein einziges Vorbild, das Buch eines flachen Komikers mit Foto im
Hardcover jahrzehntelang am Kopfende seines Betts.
Hat der braunen Sauce mal keiner seinen Kloß dazu gefügt, der soll auch
wirklich bei keiner familiären Hochzeit mehr eingeladen sein !
Ich lief hinaus, die Tiere zu lieben, du Vater hattest es mir angesehen, dass
ich gern wie die Tiere sei, so sollte ich auch von ihm behandelt werden.
Das beließ mich so undefinierbar desinteressiert, dass es nie einen gab,
dessen Name ich trug, dessen Tanz ich wollte, dessen Atem ich riechen will.

Würde ich den Christen wie den Atheisten, würde ich nicht beschimpfen mit den Buddhisten. Ich könnte Dichter sein.
Würde ich die Alten, und die Kleinen, würde ich nicht in Umerziehung zwingen. Ich könnte menschlich sein.
Würde ich nicht Polizisten wie die Jugendlichen, würde ich nicht übern Kamm scheren. Ich könnte mein Segel ins eigne Leben hissen.
Würde ich nicht Berge erklimmen müssen, würde ich unvoreingenommen herzlich grüßen. Ich wär als Mitglied der Gesellschaft wahrnehmbar.

Aber nichts für die Sensation, nicht um seinem Schicksal zu entfliehen. Marilyn wurde ermordet, diese Leute lieben solche Dramen, sie trinken sie wie ihr Blut, selbst Selbstmord war Mord. Benutzt und missbraucht, garantiert, wie war das mit der englischen Königin, ich denke ähnlich, und ich sehe diese dummen Mädchen, die naiven, jung, hübsch und scheinbar das ganze Universum besitzend, wenn Trottel oder Rocker oder Punker, Junkies oder Tinder-Freaks diese armen Mädchen glauben machen, sie könnten richtig groß rauskommen und zu einer Sensation der Lust werden, wenn sie nur einen winzigen sexy Film machen könnten, in dem die Mädchen nackt an der Stange tanzen? Der zweite lädt sie in diese Clubs ein, dann wird ein „Easy Come Easy Go"-Loverboy-Spiel und eine Saga daraus gemacht, dann spielt das Mädchen einfach in einem irgendwie sexy Pornofilm mit und verdient gutes Geld und plötzlich zeigt ihnen diese Lust auf die Filme die wahre Seite, Vergewaltigungen und brutale Szenen zu zeigen, und das ganze alte Leben ist kaputt. Die Geschichte geht weiter und wiederholt sich vor aller Augen. Deshalb sage ich, dass Punk heutzutage ziemlich tot ist. Es ist wirklich genug, was Frauen ertragen und erleiden. Diese Leute zwingen viele Frauen in den Selbstmord. Sie lassen die Frauen sogar ihre eigenen Morde für sie begehen. Es ist nur zur Show, dass andere damit Geld verdienen. Ja, ich sehe diejenigen, die für Kriege rekrutiert werden. Das erfordert eine einfache Gehirnwäsche. Jeder weiß es. Die stärkste Waffe, um ein Land zu bekämpfen, ist, ihm seine Frauen zu stehlen. Deshalb versuchen so viele Arschlöcher das Spiel mit dem Heiratsantrag als erstes. Das ist politisch eine Waffe und es ist auch ein Geschäft, alles zu stehlen, was auf dem Markt ist. Es ist Krieg gegen jede Frau, jede einzelne.

Heirate nie, nimm nie Kontakt zu Geschäftsfreaks auf, sie behandeln dich wie ihre Kunden, machen große Versprechungen, dann beschimpfen sie dich, dann treten sie dich auf die Straße, wenn du und die Ehe leer ausgeht, und das deutsche Gesetz verheimlicht die Tatsache, dass nicht viele deutsche Frauen wissen, dass sie alle getäuscht werden, dass ein Paar, das sich ohne einen besonderen Vertrag scheiden lässt, dann dem Ehemann alles gehört, was er hat, und sie mit nichts ernährt.

Wir haben hier also eine Art Täuschung, wenn Freunde ein befreundetes Paar sind, aber denken, dass die Idee zu heiraten nur zum Spaß sein könnte, aber sich dann zwei Monate später scheiden lassen, weil die Hintergedanken anders waren, weil nicht viele hier diese Idee zu heiraten wirklich ernst nehmen, und es stimmt, das ist in Deutschland alles irgendwie ironisch.

Es wird Missbrauch erfunden, und wir alle werden früher oder später wissen, warum so viele arbeitslos werden, obwohl sie so viel für die Sozialarbeit und Behinderte getan haben, dass die Kirche ihren Schirm hat, der die Menschen zwingt, alles zu geben, was sie geben, und dann diejenigen ausnimmt, die direkt und offen nach mehr Geld fragen, und dann die Hardcore-Pflege von Menschen im Krankenhaus, die die meisten Arbeiter nach acht Jahren selbst zu Behinderten macht, aber solchen Opfern geben sie andere Jobs, nur diejenigen, die den Mund aufmachen und öffentlich demonstrieren, werden nie Arbeit bekommen, selbst wenn sie vier Berufe erlernt haben. Der Arbeitsvertrag ist dafür gemacht, sich dem Missbrauch anzuschließen oder nicht. Als Unternehmen kauft es ein kleines Unternehmen, nur um seine Ressourcen zu leeren und es dann wie Müll wegzuwerfen ... aber für die Menschen sind wir nur die Wurst auf ihrem Brot, und andere Unternehmen werden folgen und sich anklagen, und wir werden früher oder später völlig zum Stillstand kommen. Sie planen, den Westen damit zu zerstören, sie saugen uns aus, vielleicht werden wir mit dieser Idee nicht sehr gut überleben, sie geben uns den Rest Kartoffelbrei und das war's. Wenn die Aggressivität siegt, wird die Kunst und die freie Meinungsäußerung geschädigt.
Das stimmt, aber wir haben alles klargestellt !

Die vernünftige Politik HEUTE
sagt, … wenn die Marktwirtschaft zusieht,
wie der Laden brummt, also Läden voll sind, Käufer, Waren
alle Schlange stehen beim Abholen, wenn die Pendler ehrlich jetzt,
jede Strecke in Kauf nehmen, um zu arbeiten, ...
wenn die Wirtschaft boomt, solange es noch Kaufkraft gäbe,
dann ...
hat die politische "VERNUNFT" glatt völlig recht, mit anzusehen,
das geht so nicht, dies anmahnt, dass wir am besten den Laden,
die Post, die Fabriken, Schulen
ALLE EINFACH DICHT MACHEN,
ist ja auch kaum zu glauben.
Is ja logisch !
Warum auch werden nicht besser, effektiv, schneller
alle Strukturen, Systeme, die demokratische Gang und Gänge
laut heutiger Politik EINFACH DURCH GEWUNKEN,
dann hat sich das erledigt,
AB DAFÜR !

JEDEM BERUFSANFÄNGER,
JEDEM NEU ANKÖMMLING
auf JEDER ARBEIT ist es ein LEICHTES,
sofort das bevorstehende
SYSTEM zu verstehen, um das es geht !

SELBST ZWEI DREI ÄUGIGE,
mit jedoch dem TATBESTAND
trotzdem BLINDEN und leider
auch TAUBEN MAULWÜRFEN
täglich NEU ausgewürfelt wird,
wer zu einer ARBEIT passt,
und WER NICHT !

Eine Frau ist mit einem Alkoholiker und Psychopathen,
der sie grün und blau schlägt, vermählt. Sie jammert und klagt.
Sie sagt, da man ihr Hilfe anbietet:
"Mein Mann sagt, das passt nicht."
und Verwunderung macht sich breit:
"Bringen Sie Ihren Mann doch mal mit !"
und die Antwort:
"Das will mein Mann nicht, auf keinen Fall !"
und nur die Frage:
"Man kann doch mal fragen !"
und der Versuch:
"Wie ist sein Name, ich ruf mal an !"
die Antwort:
"Sag ich nicht."
"Sind Sie sicher, dass es ihren Mann gibt ?"
es wird lange überlegt:
"Mein Mann sagt, dass es ihn gibt, nun ehrlich,
der Name, wer rechnet denn mit so was,
dass man mal so was gefragt wird,
jetzt raten Sie doch selber mal ?"
das Denksystem der Frau hängt sich auf.

Ich gehe also hin, und bastle der Elfriede Fresse,
und deren Mann Kurt Fresse Tarock einen Weihnachtsmann in Holz,
bemale ihn ihr noch hübsch bunt, und sage nur:
„Drum ist das jetzt ein Geschenk an Sie speziell mit der Aufgabe,
sich in Zukunft die Sachen für unter den Baum selber anzufertigen !"

Wenn sie dich
beim Lügen nicht ertappen sollen,
dann muss ich beim Lügen,
so tun, als wenn ....
ich etwas aufschreiben muss !
Das klappt immer !

VIER WELTEN !
Du beginnst als Kind, in der Phase der Vision.
Du setzt es fort, in der zweiten Phase der Arbeit,
die du dir im Leben machst.
Du erringst die Phase, in der erlernst du Wissen daraus,
was du praktisch umsetzt.
Du erreichst die Krone all dessen in der vierten Phase,
die dir all deine gemeisterten Vorhaben
Belohnt.

Instagram Influencer App Fetischisten sind der Babybrei
aus der ersten menschlichen Stufe.
Karrieristen mit Bitcoin sind sprachlich Unbegabte die gierig sind.
Die der Liebe immer passabel Erfolglos blieben,
sind die nie unterscheiden lernten, dass gut Ding eben ihre Weile bedingt.
Die Belohnung setzt nie ein, die ewig im Brei hängen blieben,
und im Babybrei selbst einmal davon geschieden.

Krankenversicherungen, Leute !
Sind Datenkraken, die alles über Kunden laden.
Sie schütten keine Günstigen Angebote aus reiner Menschenliebe aus.
Sie bewachen dich. Arbeitest du ohne Krankmeldung. Belohnung.
Arbeitslos, jedoch nie krank. Duldung.
Aber sind deine Daten Besorgnis erregend, dann überlegt die Versicherung,
ob sie überhaupt deine Behandlung finanziert.
Sie behaupten nur, dass all deine Daten 100% sicher
bei denen aufgehoben, angeblich, solange du sie nicht löschst.
Diese Überlegung ist es wert ! Ich fuhr nie ein eigenes Auto,
kann aber fahren. Ich hatte bis vor zwei Jahren kein Smartphone,
hab jede App bisher abgelehnt. Ich benötigte keine Heirat, kann aber auf 2
Beinen laufen. Ich habe es nicht nötig, wie früher die Verbrecher, vor aller
Welt in jedem Anbieter, die mich anspringen, mein "PROFIL" einzurichten,
oder leben wir bereits .... in einem IRRENHAUS ?

Manche Menschen sind nur eine Erinnerung, andere nur eine Erscheinung!
Manche Menschen, die erscheinen, wollen nicht näher kommen.
Manche Menschen, die nah sind, sind nicht schön anzusehen.
Manche Menschen, die du aus der Ferne an dich heranlässt, sagen Danke.
Manche Menschen, die dir zu nahe kommen, um dich zu fürchten.
Manche Menschen, die ihre Liebe anziehen, machen sie eifersüchtig.
Manche Menschen, die zu laut spielen, interessant zu sein,sind es aber nicht.
Manche Menschen, die dir beim Gewinnen zusehen,
wollen dich aus dem Weg schreien.
Manche tun das und manche tun das Gegenteil.

Junger Mann, ich hielt dich für die seltsamste und lustigste Person, die ich je
getroffen habe, weil du auch dieses Credo oder diese phänomenale
Philosophie hast, Dinge manchmal einfach laufen zu lassen, was den
Moment, wenn man später zurückkommt, manchmal sogar noch besser
macht ... wie ich dich einmal sah, du nach langer Zeit dieses super
luxuriöse, fast neue Fahrrad von Ihrem Bruder benutzt hattest, dass er dich
erst einmal anfahren lassen musste, um in Fahrt zu kommen, und dann
nimmst du endlich all Ihren Mut zusammen, um sich zu bewegen, und was
passiert, du fällst !!
Dann sah ich dich dort drüben, wochenlang laut schreien, weil der Arm
wehtut, aber ich muss sagen, dass eine andere Art zu leben vielleicht
schwanger ist und zeigt, wie die Leute durch den beschissenen
unterirdischen Kanal unter jeder Stadt durch tauchen müssen, durch den sie
sich kämpfen, in der Hoffnung, dass am nächsten Tag endlich wieder die
Sonne scheint, aber du findest es großartiger und interessanter, darüber
nachzudenken, auf deinen Arm vielleicht einzuprügeln oder amputieren
wollend, um einen kleinen, tagelangen Schmerz im Arm loszuwerden. Du
bist der lustigste Mann, den ich je getroffen habe. ENTSCHULDIGUNG
bitte, ich werde dir nicht vorwerfen, dass du witzig bist, und du musstest
nicht antworten oder dich entschuldigen oder darüber verärgert sein, du bist
kein materialistisch denkender Mensch, also liegt es in deinem Charakter,
die Dinge nicht einfach in der Hand zu behalten, ich weiß deine

Bereitschaft, es zu versuchen und wirklich etwas in Händen oder Armen zu halten, macht dich zu einem total schwierigen Mathematiker und es macht dich komisch und du fühlst dich in dieser Situation schwierig und das Ende ist nicht die Lösung des Problems, weil du es einfach fallen lässt, fallen lässt, und ich möchte dir wirklich nicht auf die Nerven gehen.
ABER WENIGSTENS BIST DU EIN LEBENDIGER, EIN AUTHENTISCH, LUSTIGES INDIVIDUUM. ICH BIN GERNE DEIN FREUND!

Ich wusste nicht, dass manche Pflanzen nur eine Jahreszeit haben. Vielleicht ist es wie mit den falschen Leuten, weißt du, manche sind zu nah, manche zu distanziert, manche fürchten dich und werden aggressiv, manche lieben dich und machen dich eifersüchtig, manche danken dir, dass du einfach weitergehst. Ich habe heute etwas Seltsames gesehen ... Als wir von weitem an einer Kreuzung in den Wald kamen, standen da eine Mutter und zwei Kinder, die eine Tochter und ihr Bruder. Die kleinere Tochter stand ganz nah bei ihrem Bruder und stieß ihn an seiner Brust von sich, dann kam der Bruder zurück und hielt sie fest, als wären sie ein Inzestpaar, und hätten sich fast geküsst. Aber ich kam schnell und sie sahen mich direkt näher kommen und waren sehr beschämt, was auch immer, ihre Mutter reagierte nicht oder kümmerte sich nicht darum, die Mutter war irgendwie religiös, glaube ich. Der lustigste Tag heute, ich weiß nicht, wie auch immer, wie Geschwister ihre Liebe ausleben, in jeder Familie anders, glaube ich. Vielleicht denke ich, dass die direkte, frei gelebte Liebe besser ist, als die Schwestern durch Eifersucht, Misstrauen, Neid und unterdrückte innere Hitze und Sehnsucht zu trennen, was mir in der Familie das Gefühl gab, zwischen vier verschiedenen eifersüchtigen, misstrauischen, neidischen und verlogenen Vulkanen zu existieren, und ich fiel unter die Geschwister in der Nachbarschaft, ließ mich fallen und fühlte mich angenommen, heimelig, nackt, warm und angenommen, Tag und Nacht.

Ich war irgendwie zwischen beiden Familien, die eine ein Eiskeller, die andere ein anderer Planet, und meine Brücke, um zwischen beiden Welten zu unterscheiden, waren der Wald hinter dem Haus, alle Tiere der Welt, und wirklich sehr viel unter Älteren zu sein, und Musik, und Worte ... keine Worte mit der Familie, aber Worte mit allen anderen. Ich weiß, man hat nur eine Mutter, die man lieben kann. Aber für mich war das Wasser das Element, das mich mein Leben lang hielt, dass ich mir diese Mutter selbst gab.

Man wechselt das Haus, in dem man lebt, nicht, bis man erwachsen ist, dass ich durch Gewalt fiel, die mich wieder aufstehen ließ. Alles, was ich hatte, um am Leben zu bleiben, mein Mut, meine natürliche Liebe, meine Intelligenz in der Schule, meine Art, mich zu wehren, meine Sprachkenntnisse, mein musikalisches Talent, mein Interesse an älteren Menschen, dass ich das Haus häufiger verließ als ich zurückkam, meine Tage und Nächte im Wald mit dem Pferd einer Lehrerin oder dem Hund oder den Kindern aus der Nachbarschaft, sogar nackt, das war meine Überlebensstrategie, und der Überlebenswille war alles, worum sie mich beneideten.

Das hatte seinen unlogischen psychischen Anfang ganz am Anfang, als meine Geschwister mit dem Neid begannen, als sie anfingen, die ersten Worte zu sprechen. Sie hatten es in der Muttermilch. Ich hoffe, Sie verstehen mich nicht falsch, obwohl ich es schon so oft gesagt habe, dass ich überlebt habe, weil ich von meiner eigenen Wahrnehmung, Aktivität, Lebensweisheit, meinem Interesse und meiner Liebe und Wertschätzung umgeben war. Das alles bin ICH. Und ich werde nie die Vergangenheit oder die Taten anderer sein. Erst wenn man Dinge weiß, ist man weise genug, um zu vergeben. Das andere Sprichwort war besser: Nur weil man jetzt viel mehr weiß, heißt das noch lange nicht, dass man überhaupt etwas verzeiht.

Es ist nicht Corona, das ausschlaggebend ist für falsche Politik.
Es ist tatsächlich eine Folge für die Veränderung in Köpfen,
das dazu führte, dass die Kinder gesamt weltweit extrem darunter litten !

Dazu mein Buch zu der Zeit, ein Kindermärchen für die lieben Kleinen,
FÜR KINDER, in einem Schlachtfeld,
statt gegen sie zu agieren !
Wenn dumme Leute rechnen, dann sagen sie,
"Wenn eine Wahlbeteiligung bei nur 50% liegt,
warum dann ist es möglich, dass einen dennoch 60% gewählt haben ?"

Wenn ich dummen Leuten sage,
"Dass es bekanntlich im Himmel heißer als in der Hölle ist."
dass dies Anlass war, mir keine Arbeitsstelle zu zuschreiben,
da selbst der Papst gesagt hat, "Die Hölle also im Schoß der Frau, die
gebend, annehmend, fördernd sei."

Was soll die Wissenschaft dagegen noch einwenden ?

Statt der menschlichen Kreativität, für einen technologischen Fortschritt
in eine Zukunft zu vertrauen, daran Teilhabend mit zu machen,
selbsttätig auszugestalten, redet uns eine Politik ein,
unser Denken lahm zu legen, es ist eine Minderheit
apokalyptischer Analphabeten, die euch einschärfen,
dass eine Zukunft im Reduzieren und Verzichten liegt !

So würde aus einer Wissensgesellschaft nur noch eine
Besserwisser gesellschaft !
Weltanschauung von Fakten zu trennen,
erfragt Selbstdenken, statt Missionieren.
Die mentale Rezession gleicht einer Stellung ziemlich weit hinten
angelangt, weil die Leistung out ist. Das Prädikat "befriedigend" für die
Fähigkeit zu "lieben" stetig exakt auf dem Level von Kindern.
Sie wissen dabei nicht, ob sie dabei vorwärts kommen,
oder ob sie sich zurück bewegen ! Weil wir nicht wissen, was wir haben,
fragen wir uns immer wieder, was uns fehlt !

Je sorgenfreier eine Gesellschaft lebt, desto mehr Angst hat sie !

KRIMINAL PROFILING !
Reale Verbrechen und ihre analytische Aufarbeitung
in den modernen Medien.
Zu Unterhaltungszwecken
polizeilicher Recherchen
im Bestseller Milieu.
Ein Profil Neurotiker sagt,
das Leben sei zu kurz,
um schlechten Wein zu trinken.
Ein Kriminal-Profiler fragt,
wer hat wohl das A-Loch auf dem Rücken ?
Es ist das Reitpferd eines Polizisten.
Ein Krimineller samt Profil sagt,
je schlimmer das Verbrechen,
desto größer der Ruhm.
Ist es der Hochstapler heute ?
Ist es der Möchtegern morgen ?
Ist es der Mörder selbst auf der Gehaltsliste ?
Feedback geben !
kopierte Zulassung, federal Investigation verkehrt buchstabiert, aber ....
man hilft, wo man kann.

Ich habe gerade eine Mail bekommen, die besagt, dass ich ein Mail-Konto
besitze. Aber in den letzten 25 Jahren, in denen ich es besitze, habe ich von
Leuten um mich herum nicht mehr als 3 wirklich nette Anfragen an meine
Adresse bekommen, wie es mir geht. Also schrieb einer über seine
Einsamkeit, die er beendet hatte mit dieser viel jüngeren neuen Frau und
dem Baby in ihrem Leben, die er kennengelernt hatte. So hat er es plötzlich
nach fast 25 Jahren allein und auf Reisen geschafft, sich wieder
niederzulassen und es erneut zu versuchen. Er ist super positiv und glaubt an
Liebe und daran, gut auszusehen, und will alles für sein Baby. Er ist im
siebten Himmel. Dass ich nur auf seine Frage reagiert habe, wie es mir
geht ... das ungefähr dritte Mal in 25 Jahren Gmail, dass ich ihm eine
genaue Antwort gegeben habe, WARUM ICH SINGLE BIN.

MIT SO EINER LEIDENSCHAFT, dass er weiß, dass ich das völlig andere Verständnis für MEIN LEBEN habe.

Von was träumst du ? Dies jahr nach 50 Versuchen einen Verleger zu finden? Ich hab mal wieder Lotto gespielt und verloren, was glaubst du ? Ich kenn meinen Weg, aber dass ich allein bin, fühlt sich für mich weit weniger verlogen an, als einen um mich zu haben, und da es sich so weit besser anfühlt, betrachte ich mir all die Mütter oder Möchtegern Mütter, die versagt haben, und seh in ihren Brüsten nur lachhafte blaue künstliche Gummiherzen pochen, das bringt mich zum Lachen. Allein sein hat gar nichts mit Verzweiflung zu tun, sondern seine wirklich guten Seiten, es ist keine empfundene Einsamkeit. Ich erhalte so viel Sichtbares und erkenne die Menschen, was mich weit ab von der Familie so weit bringt, dass es auch andere wissen müssen. Ist wie mit der seltsam genialen Frau, der ich in all den Jahren in Schleswig schon zweimal begegnete, die ist vielleicht 20 Jahre jünger als meine Mutter, aber sieht exakt wie sie aus, also ist ihre Begegnung mit ihr immer wie mit einem Horror Clown. Aber ich sag ihr das dann jedes Mal, und wir beide sind hoch erleichtert, nicht die echte Mutter im Herzen erfahren zu haben.
Was meinen Vater betrifft, der sich wie ein sage ich beispielhafter Russe an seiner Tochter verging, einem Sadisten gemäß, auf seine Weise, der hat nur was von einem Gewalttäter mit 90 eben an sich, ein Wrack allein auf seiner minimalen Bühne, ein Rassist halt, der bald nichts mehr übrig lässt. Es wird nicht mehr mal ein Pups von ihm zurückbleiben, dann hat mein liebes Herz seine Ruhe, er tritt ab, und die Show ist aus !
Soweit so gut, dies alles zum Thema Happy Family Life und der daraus folgenden Folgen, die ein Kind wie ich zu ertragen hatte. Mir ist dieses Macho Land schon ein bisschen über. Deshalb lass ich die Kerle draußen nur abblitzen oder gebe Hackengas. Schmeckt mir mein Essen so besser, und ich bleib mir dem eigenen Leben treu, die Mädels flach machen, müssen sie sich in jüngeren Jahrgängen suchen. Das sind dann allenfalls noch die, die kein Kind haben, und als "gut verarscht, nur eine Freundin" bezeichnet werden, und die liebe große Augen machen dürfen.

Viel Spaß noch mit deinen Glubschäugigen Schätzchen, sie machen dich wohl richtig echt rundum froh, wo der Mann das ja ooch gut gebrauchen kann ! Jedem das, was ihm gebührt, deutsches Sprichwort.
Liebe Grüße von anderswo, Heike

Er weiß, dass ich ihm wie eine Schwester geholfen habe, 25 Jahre als einsame Wanderin geistig zu überleben. Aber jetzt hat sich sein Leben geändert, und ich bin nicht mehr seine beschützende Schwester, auch wenn ich nicht aus seiner Familie stamme, muss ich mich nicht mehr für ihn verantwortlich fühlen. Wenn ich es täte, würde ich ständig seine Babygeschichten hören, was für ein wundervolles Kind die Tochter seiner Freundin ist, wie leicht sie zu einer akzeptierten Persönlichkeit mit hohem Willen und Wertschätzung heranwächst und wie sie dem Mädchen beibringt, wie man andere anlügt und betrügt und den ganzen Tag Spaß hat. Ich würde nicht gerne die ganze Zeit so einem verrückten Wunder zuhören, oder hat er versucht, mich in die Arme einer Lesbe zu treiben??? Ich denke, ich bin bei diesem Thema direkt genug gewesen. Er muss ein junges Küken platt machen, und ich habe meine Ruhe.

Nah am Wasser bauen, hat Vor – und Nachteile. Da ergeben sich beim Erwachen die schönsten Alpträume vom Ertrinken, die Flashs aus der Kindheit am herrlichen Haus am See, erwacht im Arm des Liebsten, der jetzt zur Arbeit muss. Jeder kennt es, die Träume immer dieselben, entweder auf einem Friedhof zu Gang, oder dabei selbst die Zähne verlierend, und auch als junge Frau abzusaufen, ohne ein Wort darüber zu verlieren, wie die Schlingpflanzen sich um einen winden und immer wieder ins Nass rein ziehen. Der Traum vom Untergang des Westen endet im Absaufen des Osten. Der Neunmalkluge des Westen entdeckt dieselbe Struktur der Feindseligkeit gegen den Osten, nur keiner von beiden hat Recht. Der See ist kein Meer. Das Meer birgt nicht die Sonne. Der Insulaner betritt das Festland. Der Verlobte überlegt es sich nochmal, bevor er mit dem anderen die Feierabendbiere zählt. Es erfüllt einem auch keiner, 100% Bestätigung seiner äußersten Ängste, indem er jedem daher gelaufenen bestätigen will, außer dass er zugibt, ihm auch gern mal ins Bein zu schießen.

FREUNDCHEN
Mir passt dein starrer Blick nicht !
Es ist der Blick eines alten Mannes.
Mir passt mein leerer Magen nicht !
Es ist nur der Kaffeetanten blick von euch.
Mir passt eure Oberflächlichkeit nicht !
Wackelt jugendlich mit Zellulitis Arsch.
Mir passt derlei Schöngerede nicht !
Es ist kalt geworden, und kein "Altweibersommer" mehr.
Mir passt euer Wichtig getue nicht !
Es ist derlei Besserwisserei der Ignoranten.
Mir passt die gespielte Fremdenangst nicht !
Es ist immer der Backfisch, der an sich scheitert.
Mir passt das Schweigen der Lämmer nicht !
Ihr seid es, die Lamm so gern verspeisen !!

Hab ich das richtig verstanden ?
Das Polizeiwesen....zahlt einem, der die Planstelle räumt ein volles Gehalt
für jeden Schlaumeier, würde man drum bitten, zu gehen,
samt aller privilegierten Bezüge bis zum Rentenalter, plus Pension,
auch wenn er die Stelle gar nicht besetzt, also genauso,
gegenüber den Beamt / innen die persönlichen Bedürfnisse zu
berücksichtigen, würde das Innenministerium seine Bezüge auszahlen,
ganz gleich ob er seinen Job ausübt, oder gar nicht anwesend ist ?

Maier - Müller – Schultz ... schön' guten Tag !
Ist das das Ende einer langen Fahrt ?
Auf schöne Frauen haben wir nur gewartet !
Der angenehme Mensch, hat auch seine dunklen Seiten,
wie dich glauben machen,
wie ein Freund auf deiner Seite,
wie dich willkommen geheißen,
wie dich als Yin und Yang am Fenster,
wie ein Bild, zwei Seelen in einer Brust.

Richtig, Kinder kann man nicht nur lieben, man muss sie lieben, aber sie gehören dir nicht. Ich sah jemanden wie mich auch als einen, der nach langer Wanderung auf See das Ufer wieder betritt.

Aber wisse, all der Liebesschein von zwei Unschuldigen Wesen, wird dich deiner Vergangenheit nicht entheben. Sie würden dir sonst eines Tages den Vorwurf machen, dass all der Schutz von dir, all die Schulung von anderen, all das schöne Spiel vom Kleinanfang, selbst der Blick des Alten eines Mannes in die Augen seines Enkels, das smarte an all den Dingen, nur ein Wimpernschlag sind, im Strom der Gezeiten aber, wird dich Deine Vergangenheit einholen müssen. Dann wird der also noch so geliebte junge Mensch nicht mehr für dich da sein, weil andere Wege sie von dir automatisch wegführen. Sieh es als einen schönen Sommer deines Lebens, betrachte Kinderaugen wie Schmetterlinge, die dich besuchen, mehr ist es nicht. Dein Alltag sagt dir aber, dass du eingeholt wirst von der Frage, warum du wohl ängstlich fern der Menschen 25 Jahre allein verbracht hast ? Die tiefliegenden Fragen des Lebens sind nun mal die Realität. Deine Herkunft außer Frage. Bezeichnend wie du Frauen begegnest.

Wenn du schon soweit gegangen bist, zwischen Ost und Westfrauen zu unterscheiden, ist es wie mit dem kleinen Sex geilen Amerikaner, der versucht Zwillingsfrauen beiden gleichzeitig in die Augen zu sehen, und natürlich dabei einen Arm verliert, es führt zu nichts. Ich frage, wenn dann jeden Mann danach... Du weißt hoffentlich auch von den Schandtaten, die amerikanische GI's genauso wie russische Soldaten oder Väter uns angetan haben ? Sie sind bei den Frauen unerwünscht, und das berechtigt.

Wer in dem Glauben lebt, der Mensch ist wie verwandelt, wenn man menschlich ihn behandelt, und das gelingt nur, wenn man mit seiner Geschichte Frieden schließt, soweit es geht. Dann sollte man das nicht nur an einer Beziehung zu jüngeren Menschen festmachen, in deren Naivität dir einen Schein aufzeigen, der sich mit deiner Person nicht unbedingt verträgt, falls es dabei enden muss, dass es auseinander geht.

Ich hatte ihn schon bereits vor 25 Jahren außer Haus geschickt.
Dass er in 20 Jahren nicht mehr auf die Idee käme, zurück zu kehren !
Dann mit dem Wissen verlief er sich ans Neuseeländische Was-Weiß-Ich.
Drum da mit Kappe und Unschuldsmine, alle seine Leichen zurück
gelassen, einfach die dort alle einzusammeln, die ihm als Landsleute
hilfesuchend in die Arme liefen; MIT WEM haben wir es da zu tun ?
DEM ZUHÄLTER !

Genauso seh ich das. Aus meiner Sicht der Frau. Du bist keine Frau. Ich
habe niemals darüber nachgedacht wie du über Frauen denkst,
vielleicht ein bisschen eher, dass du in einigen Dingen stark nur von dir
ausgegangen bist, was gehen mich deine Verflossenen an ? Du glaubst also
tatsächlich noch, ein Gutmensch zu sein, mit nur ein paar Ecken und
Kanten, nennst einen aber schnell mal im Vorbeigehen Schlampe ?

Der Rote Kosar, also der Gewalttäter an Frauen aus dem Osten ist auch
heute nicht abzustreiten, der Kosakenreiter, das ich nicht lache !
Der Amerikanische Friedensmacher in seinen Kolonien, der Frauen aus
Tradition erst das vergewaltigend "besorgt" was sie braucht, sie dann "kalt
abschreckt" und hinterher "zerstört". Diese beiden sind nicht von vor drei
Generationen ausgestorben, mein Lieber. Sie sind immer noch aktiv,
besonders hierzulande in den vier Wänden der Familien. Deine Herkunft ist
mir so egal, wie drei Tage Regenwetter, wir haben ja nie darüber
gesprochen. Aber wenn mir Leute so begegnen, dass ich fühle, sie sind ein
wenig zu sehr von sich eingenommen, dann sollen sie mir nach 25 Jahren
Einsiedelei, nicht noch mit Eitel Sonnenschein begegnen !
Kannst ja mit ansehen, dass die Tochter da ja nicht ein Gramm zu viel isst,
dass sie mal später auf dem Markt gut die Kerle hinter sich anschleppt.
Aber dass sie an Arschlöcher gerät, kann auch einer wie du nicht
verhindern. Genauso wenig, dass sie selber ein kleines Großstädtisches
Arschloch in Frauenperson wird. Mir sind immer schon die Leute lieber
gewesen, die ihre Sexualität ein wenig zügeln. Die denken erst, bevor sie
reden. Gut, dass man mit denen fast nie im Bett landet, aber man hat sie zu
Freunden, die alle Menschen respektieren, und machen kein Aufsehen

darüber, was ihre Lesben oder Abenteuer immer ausrichten. Ich wollte mit den Kielern ja nicht unbedingt im selben Bett gelandet sein, um dann nachts allein in der Disco im Regen zu stehen, ohne zu wissen, wo man dann überhaupt übernachten könnte ! Die Kieler sind Leute, wie ich sie kenne, die dich noch zu sich einladen, und dich dann nach langer Anreise einfach vor verschlossener Tür stehen lassen. Weil ich das sagte, dass ich dich für einen Langjährigen Einzelgänger gehalten habe, dann hatte ich durchaus diese Empfindung, dass du zwar viel erzählen kannst, aber wie ein Wolf umher streuntest du im Wind und Wetter dich auszuschütteln. Das einzige was sich an dir daraus änderte, wie ich es sehe, ist dass du dir endlich mal sagen lässt wie andere über dich denken, und merke, dass du deshalb nicht gleich die Rosette einziehst und wieder davon rennst.

Zuhause ist eine Erinnerung. Nicht mehr als das.

Die Parteien von Rechts..
wollen einerseits die Ideen des Demokratischen Volks zerstören,
benutzen aber das Parlamentarische Geld, finanzieren deren Partei damit,
um mittels Betrug zu erstarken. Das ist verlogener wie es nicht mehr geht !

In nur drei Tagen sanken die Temperaturen und alle Bäume hörten auf, ihren Schein zu wahren, und nun war es egal.
Tatsächlich ist es mir egal, wenn man seine Schlampe zum Ficken findet während alle Bäume loslassen, wenn ein anderer der Reihe folgt
will, dass ich vor ihm stehe, wenn der Frühling gekommen ist!

Als junge Feministin in den frühen 70ern haben mich die britischen Suffragetten unglaublich inspiriert. Es war damals eine beschissene Zeit – so viele linke Frauen wurden von ihren Partnern grün und blau geschlagen und sie weigerten sich, Anzeige zu erstatten, weil das der Sache schaden könnte.

Ich sehe sie heute zu Liebenden werden.
Schließlich, als sie fast 30 Jahre allein umherwanderten,
aber willst du mir JETZT sagen, was Liebe ist,
dass ich eifersüchtig wäre, weil
er hat einmal Schlampe zu mir gesagt,
dass ich Blumen und Bienen bringen würde,
für das junge, dumme Mädchen, das er lobt?
Wenn das nicht so verdammt lustig wäre....
ich würde ihm ein paar Blumen pflücken.

Geht es mich was an ?
Wer feiert des Onkel Jubiläum ?
Wovon handelt die nächste Miete ?
Worüber spricht die neue Liebe ?
Wie werden wir ewig leben ?
Woher stammt meine Geschäftigkeit ?
Wovon ernährt sich mein Eichhörnchen ?
Wobei stört sich die Frau an der Kasse ?
Wie schön ist einkaufen mit Musik ?
Was bleibt am Ende von allem übrig ?
Werden wir uns erst verlieben ?
Wann gelingt mein Casting bei einer ?
Womit bezahlt man ihre Gelüste ?
Wandern wir im Zeichen der Zeit,
und kaufen im Wahn der Euphorie ?
Welcher Sinn hat ein Plan fürs Leben ?

Niemals ist nur das Echo der Ewigkeit, einsam wie eine Liebe, die hätte sein
können. Lass mich weiter lieben und glauben, bis es vorbei ist. Bitte erzähl
mir nicht, wie die Geschichte endet.

Der Männertraum ! Lebt in der Illusion.... es ginge die Evolution zu klären
in der Blitzgescheiten Philosophie eines arbeitslosen Schauspielers,
der auf der Suche nach Beschäftigung
als Sekunden gleiche elektrische Ladung, in welcher Träume stattfinden,
mit Händen oder Füßen die Beschreibung eines Kindergemäldes,
selbst begründet, als hätte Gott ihm selbst einst die Augen ausgestochen,
um zu tiefster Einsicht zu gelangen, als hätte er selbst dies Können,
als gründete er alles Wissen in ihm, nur da er die Beobachtung verstünd,
ein einfaches Kinderbild zu erklären.
Obwohl ihm unlängst im Gewahrsein längst,
die Muschi der Mutter seiner zukünftigen Kinder auffiel...

FINAL KISS !
Wer schwört auf die Familie ?
Der etwas darin verborgen hat.

Wer mästet seine Kinder ?
Der es den Helikopter Eltern angleicht.

Wer leugnet die Mauer war in 24 h errichtet ?
Der selber eine Mauer baut.

Wer leitet ein originelles "Start-Up" ?
Der ein Betrüger Unternehmen gegründet.

Wer hat die Unterhaltung begonnen ?
Der sieben Brüder für sich vereinnahmt.

Wer fällt auf diese Masche rein ?
Der den Finalen Kuss herbei sehnt !!!

Atmen
Liebe
Hören
innerer Kompass wirbeln
Spinnende strukturierte Muster formen meine Existenz
Die Freuden
Die Sorgen
Momente der Transformation
Wandteppich aus mentaler Farbe
Maßgeschneiderte Geständnisse
Poesie für jeden Kummer und jede Sünde
Ausschneiden und Einfügen
Raum und Tempo
Stück für Stück
Fragmente eines gesellschaftlichen Mosaiks

Mutter unterwegs auf der Suche für eine Ladung Holz.
Warum durchsuchst du den ganzen Tag den Wald ?
Berge überqueren.
Kommst du spät abends nach Hause?
Mutter sagt:
Ich geh den Wald durchforsten, Berge überqueren.
Ich wandere den ganzen Tag nur für trockenes Holz.
Ich darf keinen lebenden Baum fällen ! - Jacinta Kerketta -

Es ist eine echte Herausforderung, sich von seinen Gedanken zu trennen.
Ein Beobachter, nicht der Beobachtete. Der ruhige Geist sehnt sich nach
Regen. Gesegnet mit Feuchtigkeit. Stolz steht ein Blütenstand. Zeitlos,
verschwommen, Schnappschüsse von jetzt. Verbrauchtes Licht in jedem
Atemzug. Blütenblätter der Jugend. Letzter Pfiff, um die Wahrheit zu
erfahren.

Pop-up Queen !
KREISENDE GEDANKEN .... !
Kommt so daher gelaufen, blickt wortlos
nicht mich irgendwie überzeugend,
sieht meinem Gang hinterher, doch wie im Film,
so kitschig wie auch klischeehaft, aber nach dem Motto
"ward es mit der Einen nichts, wird es mit der anderen was !"
seine Masche lautet, er sei aus der Fremde
denn er versucht nur Knöpfe zu drücken,
bildet sich ein, wir hätten eine gemeinsame Geschichte,
die nur noch auf die Bretter deiner Bühne müsst,
und ich läge dazu auf seinen Brettern,
sonst fehlte es ihm ewig nur an Worten,
wobei er ehrlich, sogar die Freundschaft ruiniert,
so ist es doch immer schon "des Arschloch" Option,
dass die anderen immer auf ihn warten !
Ich bin für ihn eben keine Pop.up Partei,
nicht die Liebe seines Lebens,
nicht das komödiantische Start.up
in dem Sinne seiner Mutter Porno.Queen,
noch geringer die Chance, dass ich in seine kranken Fantasien einsteige !

Alle Läden sehen leer aus, keine Magazine, kein Geschäft mehr in der Stadt,
aber je ärmer das Publikum, desto weniger schreit es nach mehr, es ist heute
einfach leer, das total leere Dorf. Nicht einmal einer läuft nackt herum, das
ist selten für diesen Ort. Keiner weiß, wer sich ausziehen wird. Keine Hilfe
beim Entkleiden nötig. Keine Kühe auf der Straße. Kein einziger Prinz weit
und breit zu sehen ! Ein weiterer Grund einfach die Ironie zu besitzen, keine
Einladung auszusprechen, um über einen erbärmlichen Zustand des Lands
zu lachen ! Im Second-Hand-Shop eine Puppe mit einem weiß-gelben
Hochzeitskleid, aufgrund ihres Alters.

Was tut ein Backfisch aus Aufregung,
kurz vor dem Heiraten,
wenn datt arme Mädel weiß,
ihr Mann hat eine schwule Neigung,
ach, nach kurzer Trauerpause,
einmal kurz Aufatmen und durch,
nimmt sie halt den Freund des Hauses
und heiratet den eben,
dann fällt ihr aber ein, der ist vergeben ?
Ach egal, sie muss gucken, ob alles perfekt ist,
und heiratet als Mrs. den Mr. Schwul eben,
der Kindergarten wird ein organisierter Garten,
mit Statisten und Zeugen, das Baby zu sehen,
der eines Morgens aufgeht,
der Teil an den sich niemand erinnern kann,
dass ihre Reizwäsche nicht für ihn bestimmt,
also bald eher Trauerspitze wird fürs Brauchtum,
an einem einzigen größten Tag des Lebens !
Die Ehe ist für Verlierer und Gewinner !
Aber einen Vorteil hat es doch für die Trauzeugin.
Die ist gratis eingeladen, und kann als Mauerblümchen
endlich den zu sich an den Tisch einladen,
den sie insgeheim abgöttisch für sich gewinnen will !
Jetzt geh mal davon aus,
am Hochzeitstisch an Freunden,
sollen keine frisch Verliebten sitzen ?
Also setze man doch dem Gatten,
einfach nen gutaussehenden,
ganz harmlosen, sympathischen Schwulen
gegenüber, das macht sich doch gut -
auf den Fotos außerdem.....
genau, und das Eis wird ihm dabei überhaupt nicht kalt,
und der Kaffee läuft derweil bei keinem einfach weg.....

Die Bumsbude

Gut gehen wir davon aus....ein kleines Schwesterlein hätte geheiratet,
nach der Nacht auf dem Oktoberfest,
sie hatte ihren Zwilling draußen gelassen,
hätte bedauert vor allen, dass sie jetzt die Jungfernschaft verliert.

Gut gehen wir davon aus....das Schwesterlein würde
von einer Entjungferung in die nächste, darauf weiter gereicht,
hätte auch 2x geheiratet, sie hatte auch alle Frei....willigen später
zum Gedenken als Tattoo auf sich bis ewig.

Gut gehen wir davon aus....sie alle hätten sie zeitlebens fallen gelassen,
und aus Dank für die Rührseligkeit zu Gedenken,
hätten alle Schwule und Lesben geheiratet,
und die Neue Jungfer im Kreise aufgenommen,
sie quasi aufgehoben aus Schutt und Asche !

Sind die Menschen nicht Gut ?
Ich meine, ... was haben sie alle gelacht !

Heiraten !
Ich meine, wenn dieser Gedanke so gefährlich ist, wirst du vielleicht
irgendwann als Verlierer enden, bevor die anderen es merken und du nicht,
du siehst, dass diese Menschen alle Arschlöcher sind. Ich meine, wenn im
nächsten Jahr hundert in deiner oder meiner Stadt heiraten, dann werden
fünfzig Prozent damit untergehen und die eine Hälfte der Geteilten wird sich
so sehr betrogen fühlen. Es ist so seltsam, ob es der Rest aller Freunde ist,
die Freunde waren und sie nach der Hochzeit einige von ihnen aus dem
Blickfeld verschwinden und sie sich aus deren Leben heraushalten
werden ... oder ob es der Rest dieser Jahre all das Unausgesprochene ist,
was in einer stillen Privatsphäre bleiben wird, in die andere nicht mehr
eindringen werden, und das alles nur wegen der Garantie des täglichen
kostenlosen Fickens, sie sind alle Ficker, die die besten Arschlöcher
werden !!

Wir sind gut beraten, auch den jungen Leuten zuzuhören. Ja, das, was ich sage, ist, zuerst innezuhalten und dann in sich selbst zu reflektieren, was man von allem verstanden hat, bevor man einfach bequem ein Urteil über andere fällt. Die Botschaften sind überall, um mehr darüber zu erfahren.

Geht nicht gut,
Geht nicht glatt,
Die Schulen für Fascho-Identität
wird ein Flopp !
Keine Allgemeinbildung
eingeschärfte Bildung
für Faschisten Kinder
einzig und allein als
spezifische Unternehmer Interessen
Bildungswert gleich Null

Der beste Wunsch, der elegant einfachste Weg,
der sich in Erfüllung brachte, Schwangerschaft zu erreichen,
ist Verhüten, je mehr Pille dagegen, 1x unbedacht,
und GARANTIE schwanger, hehe
Kindesgeschenk für eine wohl bedacht sorgsame
Hormon geschwängerte Mutter ! Also kein innerster Wunsch,
der sich in Erfüllung brachte hehe

Leute haben Sorgen, ... erst mal studieren, dann Liebe probieren,
den Jungen vernaschen, die Genüsse alle naschen, leben wir die Messies,
dann fast schwanger, Panik, dann doch nicht schwanger,
dann Studium sausen lassen, dann vor dem Nichts, der Freund nichtsahnend,
dann Aussteigen ins Work & Travel - Neuseeland.
Ein BARFÖG Student, kann sich einen Urlaub ins Auswanderer Traumland
immer dazwischen schieben, und sich gut gehen lassen für 1/2 Jahr
und schiebt dem Freund den Teddy in den Arm.
Er ist nur Gemüseverkäufer, was also soll's ?
Solch besorgte Leute, will man echt zu Freunden haben..... !
Es geht auch ohne vorher gearbeitet haben, eine Weltreise zu unternehmen,
geht auch als Weitgereister Weltenbürger kurz nach Deutschland einreisen,
als Hoffnungsträger Liebesprinzen Sextourismus betreiben,
die App für den Teaser in der Hose, ist ja unmittelbar bis in den Höhepunkt,
das Studenten heute statt studieren,
eben happy um den Globus masturbieren !

Was wäre der Welt erspart geblieben, hätte Trump als Junge bühnenreif
tanzen dürfen ? Er hätte keine Mauer gewollt.

Wäre er frühzeitig erkannt worden, dass er am Mikrophon singen lernte ?
Er erkannte das Auf und Ab des Lebens.

Würde er die Welt zu sich beizeiten,
auf künstlerische Weise in Distanz gehalten haben ?
Er wäre keiner Frau gegenüber über griffig geworden !

Wenn Leute, die Kirche etwas stört, das nicht von Gott gewollt war,
dann dass Trinker nachts an die Kirchenmauer pinkeln,
da wird die Kirche Wortlaut "Hier muss sich etwas ändern !"

Wenn Fromme Pastoren, die Kirche sich kaum pikiert daran,
das nicht von Gott gewollt war, dann dass Kinder darin missbraucht werden,
da wird die Kirche stumm "Hier bleibt alles beim Alten !"

Sei es des Himmel's Wille, dass das Wasser den Weg wählt,
der ihm vorgeschrieben ist, also nicht die Pisse in die Latrine,
auch nicht die abgeduschten Ministranten,
nachdem man sie missbraucht hat, sei dir des gewählten Arsches gewiss,
der dich zuscheißet gewählt ausgedrückt, noch vor dem jüngsten Gericht !

Altes Patriarchat ! Der Kleine Feigling gibt nun zu,
im LIFE FAKTEN CHECK, der Frauen Jäger sucht die Quench,
unseriös zu handeln, politisch zu blenden,
nicht Life die Fakten offenzulegen,
ohne Eier Konfrontation aus dem Weg,
kein Gespräch unter Menschen zu suchen,
sich ohne Themen und Argumente abzuwenden,
Abweisung von freundlich, fairer Begegnung,
aber lieber Auszuschlafen, mit der Frage von IKEA
"wohnst du noch ? - oder bumst du schon deine Möbel ?"
der Ehemann, der fremdgeht, sagt auch zu seiner Frau
"Schatz ! Ich war immer schon für Frauenrechte - nah, nein, für Frauen
die rechts sind - Ich konzentrier mich auf die Zukunft !" und richtig Denken
anderen überlassen, Frauen, die Opfer von Missbrauch wurden, sollten
wissen, warum sie rechts wählen, und die Umsturzpläne durch winken !

Österreich Rechtsaußen.... in einem Land,
das seiner Bevölkerung bereits europaweit gesehen,
die aller angenehmsten Gesellschaftsbedingungen gesetzlich geschaffen hat,
die soziale Absicherung, die Altenversorgung, das Mietrecht,
Beispielsohne Vorzeigbar, will vom Rechten Flügel als....
zitiere Unrechtsstaat angesehen werden, damit dem "Volk" endlich die
"totale" Gerechtigkeit widerfährt ??? Welche braune Donau hat den
vergessen vom Schlamm zu waschen ?? An die höflichen Österreicher :
Deportationen gelten als Verbrechen gegen die Menschlichkeit oder
Kriegsverbrechen und werden vom Internationalen Strafgerichtshof
verfolgt. Abschiebungen hingegen sind legale staatliche Zwangsmaßnahmen
auf gesetzlicher Grundlage. Es wollte doch nie einer eine Mauer bauen !

Ich habe in meinem Leben zu viel gesehen, zu viel gefühlt, zu viel geliebt; Ich komme, um die Ruhe von hier lebendig zu suchen. Schöne Orte, das sind für mich diese Kanten, an denen wir vergessen: Allein das Vergessen ist von nun an mein Glück.

Unpopular question: was hab ich als Westfale eigentlich von der deutschen Einheit ? Soviel wie ein deutsches Dressur Leistungspferd...
von den Statuten von Warendorf, wie wenn gleichzeitig alle von...
    Bund für Umwelt und Naturschutz. ...
    Deutsche Umwelthilfe. ...
    Deutscher Naturschutzring. ...
    Greenpeace. ...
    NABU – Naturschutzbund Deutschland. ...
    ROBIN WOOD. ...
    WWF Deutschland unbedingt Alle nur Grün wählen würden !

Man kann diese Welt zu heutiger Zeit mit der Herrschaft einer Handvoll Stümperhafter Neandertaler und alter weißer Herren bezeichnen, die über der Masse weitest gehend höher entwickelten Bevölkerung sämtliche Bildung, Meinungsfreiheit, Wissenschaft, freie Wahlen, Entscheidung über den eigenen Körper zu bestimmen, Vermehrung, Reisefreiheit, Journalismus oder Medien als freiheitliche Rechte und die Menschenrechte abzugreifen, und in der Absicht ihnen allen dies zu versagen, dass sie sogar die kritischen, aufklärenden Bücher kluger Menschen verhindern zu veröffentlichen und sie in Bibliotheken zensieren, also verbieten.

Es ist wie mit dem Holocaust, damals das Gerüst der Gesellschaft und derer Menschen Leben im Nu als ein Haus, das auf Geröll gebaut war, als man einen Blick hinein warf, und als das Haus gerade gebaut war, geschah dort schon ein erster Mord unter Faschisten, die Geschichte der neuen Eigentümer dann setzte sich fort in Morden derer gegenseitig, die darum wetteiferten, den größtmöglichen wirtschaftlichen Ruhm für sich einzustreichen, und die Gegner auf dem Weg nur ein wenig beiseite zu schaffen, mit dem Ergebnis, dass sie ermordet wurden.

Das spielte sich ja auch tatsächlich im Holocaust so ab, die als Sündenböcke im Weg standen waren die 20 Millionen zu tötenden Juden. Das große Monster, der unerbittliche Gott des Wirtschaftswachstums, und seine Priester fordern weiterhin Opfer von Lebewesen in unserer hyper rationalistischen Gesellschaft. Die Inkohärenz, der Unsinn scheint sie nicht aufzuhalten, ganz im Gegenteil ...

Wie es aber immer in einer Familie zugeht, das wollte dann hinterher keiner von ihnen zugeben, es sei gewollt gewesen, und keiner hatte davon gewusst, wie es geschah ? Und zu guter Letzt dann das Haus gänzlich den Abhang runter in sich zusammen brach, und jeder sah direkt hinein in die Schmach !

Missbrauch der Heike ? Die Betätigung am Geschehen sinkt.
Missbrauch der Geige von der Heike ? Die Demenz fataler Politiker.
Missbrauch der Kinder von der Heike ? Produktivität sinkt.
Missbrauch der Arbeitsbedingungen ? Auslandsanfrage. Protektionismus.
Missbrauch der ärmeren Klasse. Steuerlast steigt, aber nicht die Reicher.
Missbrauch der öffentlichen Kassen ? Abwanderung guter Arbeitskräfte.
Missbrauch der Hoffnungsversprechungen ? Arbeitskräftemangel.
Missbrauch der nachbarschaftlichen Voraussetzungen ? Weniger Bildung.
Missbrauch der Bildungsunterschiede ? Intelligenz fällt, weniger Inflation.

Wenn wir aber ehrlich sein wollen, wenn die Leute früher beklagten, dass die Ausländer den Deutschen die Arbeitsplätze wegnähmen, so klingt das heute, bei der Arbeitsmoral Deutscher, und dem Bedarf an Beschäftigten, dass wir uns eher darüber freuten, würden uns die Ausländer die Arbeit machen, weil wir viel zu faul, inkompetent und ungebildet sind.
Die Leute verzichten lieber auf Realität, weil alle sich einbilden, dass die künstliche Intelligenz im Homeoffice ihnen die Texte liefert, und sie sich prompt alle für Allwissende halten, weshalb sich selbsttätig engagieren oder arbeiten, und statt senil nur die vom Arbeitsfeld wegzuwerfen, um den Tatenlosen das Feld freizuräumen, deren Wissen sich nicht durch Arbeit erworben hatte. Arbeit ist in Deutschland nicht mehr zeitgemäß, wenn nur die schwach ausgebildeten Fachabiturienten alle Arbeitslosen erziehen, und

ihnen erklären, wie sie unbezahlte Arbeit verrichten, die stolzen Pfauen aber nicht vor Arbeitsvertrag schon erfahrene Beruflich annähernd Kenntnisse haben, die sie ins Leben mit hinein brachten. Das heißt es wird ausgelernten und Arbeitslosen von ihnen erklärt, wie sich die Vorstellungskraft zu einem Verständnis heraus bildet, dass erzieherisch eingestellte Vorarbeiter schließlich alle das Leid ertrugen, erst mit 20 das Elternhaus zu verlassen, weil ihr mentaler Stand durch die Erziehung von Helikopter Eltern leider noch auf dem Stand von 14 Jährigen stünd, deshalb ergriffen sie ja diesen Beruf, sie wollen hören, was sie hören wollen, einen psychopathischen Überschlag abliefern und Leute diskriminieren, weil sie auf der Seite der Gewinner stünden, und es können, trotz ihres desaströsen religiösen Titel, dessen sie sich rühmen, wollen sie unsereins noch den Glauben aufzwingen. Die Arschlochnachbarn veranstalteten wie jeden Sommer ein großes Saufgelage mit fast nur jungen Männern von überall her, die tranken und sangen. Ich mochte diese Nachbarn nie, aber das machte meine Abneigung noch größer.

WAS IST MIT Weltanschauung ? Wenn Eltern sterben, sind sie nicht mehr unter uns. Was ist damit, dass sie nie unter uns waren?? Was ist, dass ich ab und zu eine Mutter in der Stadt treffe, die aus einem Ort in Limburg kommt und genau wie meine Mutter aussieht, nur 20 Jahre jünger ist, und nur diese Konfrontation, dass sie direkt neben mich kommt, ist eine schreckliche Erfahrung mit einem Höllendämon, dem ich nicht noch 1x begegnen werde, das, mein lieber Mönch, ist Realität, und es dreht sich alles um Realität !
ERHEBE NIE DIE HAND 17 JAHRE LANG gegen deine Kinder !

Dem Heiland unter den Füßen weggezogen, böse Schwestern schwören, sie haben es nicht mit Gott, über das sie reden, was sie sich eingehandelt, war selbsttätig Geld zu verdienen, und das als Nonnen, wo ihnen da nur eine Option wie an der kirchlichen Börse offenstand, also der Hosenboden, der Priestern offenstand. Also die eigenen Nonnen zu verhökern, können ja nichts für die Unschuld, und wer es jung noch erfährt, ein anderes Geschlecht"Glauben" anders sieht, ist ja auch schnell vergessen....
jetzt rennen ihnen auch noch die Nonnen davon !

Die Dümmsten, haben's gehört ...
die du deine Allernächsten wähnst, sind die im Kindergarten.
Die Redseligsten unter ihnen, hüte dich dein Maul aufzumachen.
Die graben den Grund um, auf dem du stehst.
Die sitzen wie auf Kohlen in ihrem Kloster, und nichts um sie rum passiert.
Die lesen am liebsten Krimi, am liebsten mit Mord und Totschlag,
und viel Blut, oder was mit Folter, Hauptsache Action.
Die dürfen Dinge nicht weitergeben, aber es ging ihnen um alles, den
Taubenschlag aufzudecken …

Die Kirche hat ihre Leichen, nicht nur aus uralter Zeit in ihrem Keller !
Die Kirche beherbergt auch
Frauen, die Kinder töten,
Männer, die Kinder missbrauchen,
Frauen, die für Geld anschaffen,
Männer, die Frauen hassen,
Frauen, die als Mörderinnen untertauchen,
Männer, die schlimme Geheimnisse hüten,
Frauen, die keine Heiligen,
Männer, die Frauen keine Rechte zubilligen,
Frauen, die Verrat am Menschen begehen,
Männer, die diese üblen Genossen wie im Puff auf deren Welt bringen,
im Leib der Nonnen geboren, und aus dem Kloster geschickt !
Aber dass sie die Steuergelder trotz Widersprüchen,
von der Gesellschaft stehlen, Arbeitsrecht verhindern und blockieren,
Leuten gegenüber, die unlängst aus der Kirche ausgetreten,
ist das Aller übelste !

Auch Mörderinnen dürfen … in Hundekot Tüten kotzen !
Frau im Gewissen Sinn … heiligt nur der Schein solange bis ...
Schon gewusst, der erleuchtende Moment einer Mörderin
unter ihrem Heiligenschein ist... wenn sie ankündigt,
dass sie JETZT genau grade für ihn ihre LIPPEN öffnet !
auch hier KOTZEN tut nicht nötig.....

Wie hieß es schon bereits im Alten Rom ? "Sollst Vater und Mutter ehren !"
meiner Ansicht veraltet, weil "Gott ist da flexibel !"

Der Papst und sein diplomatischer Fauxpas.
Der Papst und sein Eklat mit den Freiheits -
und Persönlichkeitsrechten in Europa:

"Die Frau sei Fruchtbare Aufnahme fürsorglicher lebensspendende
Hingabe", so der Papst.
"Die Frau sei nicht geduldet, selbst über ihren Körper zu bestimmen."
"Die Frau sei eine Gebärmaschine und nichts als das."
"Die Frau sei kein denkender Mensch, der sich sein Urteil über Mord
und jede welche Schändung der Menschenrechte, bilden darf."

Zwei den gleichen Namen tragen.
Zwei die gleiche Herkunft haben.
Zwei die sich über die Welt einst abgesprochen haben.
Zwei der gleichen Sucht nachjagen.
Zwei des Landes Spiel nachahmen.
Zwei sich getrost nach hinten fallen lassen.
Zwei die nichts ungeschehen lassen.
Zwei in der geheimen Kammer nicht voneinander lassen.
Zwei den Stil die stete Liebe zu jagen.
Zwei den Gesang der Romanze im Blick haben.
Zwei die Krone nur aufgesetzt haben.
Zwei ihr albern Spiel für Glück halten.
Zwei die sich für Götter halten !

Es gab meines Erachtens noch keinen Mann,
dem Irgendetwas je heilig gewesen ist ! Seine Schäfchen, wie er sie nennt,
sind Frauen im Kloster wie Schuldige zusammen getrieben, die früher wie
heute beim Vatikan Investments bedienten, die heute dafür bereits töteten.
Ich weiß, dass ein jeder einzelner Vorfall an Missbrauch bedeutet, ein
weiteres Mal durch die Hölle gehen !

Es gab immer schon die Eltern, deren Kinder die Kirche stiehlt,
wie Schuldige behandelt, ist doch ganz normal, einmal Opfer für immer,
die keine Arbeit erzielten, die heute mir wenig auskommen müssen.

Ich meine, da Kindesentzug hierzulande
nicht nur aus therapeutischen Gründen,
welche zum Schutz des Kindes vor Gewalt,
auch als Umerziehungsmaßnahme, unterstellte Frechheit
weil man's kann - laut Willkür - sich das Ganze sein Kindchen
ebenso aus dem Wochenbett stiehlt, weil das Gesetz des Nazi es empfiehlt,
um es missbräuchlichen Gefahren in der Tat AUSZUSETZEN,
behaupte ich als betroffene Mutter, dass ich "mit dem Kloster" bereits
EINSCHLÄGIGE ERFAHRUNGEN gesammelt habe !

Jeder Missbrauch an wehrlosen Wesen unwichtig an wem, Mann, Frau,
Kind, ist mit einem Mordanschlag zu vergleichen ! Weshalb aber ist es
gängig, dass selbst jede noch so häufig angewandte Vergewaltigung nicht als
solches bestraft wird ? Das heutzutage in unserer Gesellschaft bekannt wird,
dass eine Frau allein diese Erfahrung gleich vier mal machen muss,
auf jede erdenkliche Weise, ohne dass danach eine Sau Notiz davon nimmt,
wie es der Frau geht ?

Missbrauchsskandal,
ausbleibende Reformen, was dies betrifft -
auch bei uns !

Ich sagte mir auch als Kind, „Gut, dass ich so klein bin, da kommt man schneller durch !" Ich weiß definitiv, dass dies hier auf Erden meine allerletzte Runde ist und ich im nächsten Leben bereit bin, in eine ganz andere Seins Ebene zu wechseln. "Ich glaube einfach, es gibt Mütter und Väter, die nicht als Eltern auf die Welt gekommen sind. Ich glaube, das muss man irgendwann einfach akzeptieren. Das ist hart", so Heike Thieme. Sie ist wie ihre zwei Geschwister in einer Familie aufgewachsen, in der nicht alles so rosig ist, hat aber immer Kontakt zu befreundeten Kindern nebenan gehalten. Als Schriftstellerin wie es ist, 10 Jahre lang öffentlich nicht nur Kindern die Welt zu erklären. Der Mensch ist fragil, es ist selbstverständlich, dass man Dinge wie auch die eigenen Kinder nicht einfach so auf den Boden schmeißt. Heute kann ich viel lachen darüber, aber als Kind zwischen zwei Familien aufzuwachsen, die eine in Unfreiheit, die andere in großartiger gleicher Liebe zu allen. Wurde ich später im Leben beleidigt, ausgegrenzt oder mies behandelt, entstand aus dem, früher immer zwischen den Stühlen zu stehen, dass ich mir genau vor mein Auge hielt, woher ich stammte.

Das war in der original Familie natürlich ein Ansatz, wahre Dinge anzusprechen, und man versuchte mich als echtes wahres Kind zu verjagen. Als ich glücklich auf und davon war, gab es keinen Weg mehr dahin zurück. Es gibt Mütter und Väter, die sind nicht als Eltern auf die Welt gekommen. Was fließend stattfand, war dass mir eine weltweit verbreitete Verwandtschaft signalisierte für sie nicht willkommen zu sein, weil man die unsägliche Frechheit besaß mich zweifach zu denunzieren, erst im Willen mich als sogenannt unzurechnungsfähig mundtot zu machen, dann als ich endlich ein Wunschkind zur Welt brachte, das man mir enteignete, und unter enormer Gewaltanwendung quasi wieder brachte, bis es auch noch den Blackout bedeutete, dass sie mein Kind schier missbraucht hatten.

Man wollte mit aller Gewalt durchsetzen, mich als nicht gute Mutter darzustellen, weil ich den Verstand dazu nicht besäße, mit Kindern umzugehen, eine missbräuchliche Familie wollte mir in Wirklichkeit das Kind nehmen ! Je flacher sie sich mir gegenüber äußerten, desto weniger meldete ich mich zurück, dass selbst der Anwalt mir unterrichtete zu meinem Schutz, nie wieder mit dieser Familie zu tun zu haben.

Warum ich nicht Medizin studierte, war dass ich die Herausforderung im Leben in der Tatsache sah, es mir zu erarbeiten, mein eigenes Wissen schriftstellerisch in diese Welt hinein zu tragen, mein Kunst und Werke, die ich schuf, darum haben sich meine Wege vom Studium getrennt. Ich hatte mehr zu geben, von mir selbst heraus, als mir das wissenschaftliche trockene Fachwissen anderer in den Kopf zu bläuen.

Nein, ihr seid brillante Menschen da draußen, ihr habt nichts falsch gemacht. Ihr versucht oft, den Grund für diese grausame Welt in euren eigenen Taten zu finden, aber das ist überhaupt nicht möglich. Ich sage das als weise Frau und aus der Ferne, dass ich völlig sicher bin, dass ihr nichts falsch gemacht habt ! Nee, siehst du, du bringst wieder ein allgemeines Sprichwort zur Sprache, das dein Bewusstsein immer schärft, dich für alle Sprüche verantwortlich zu fühlen, die es gibt, aber das ist es definitiv nicht.

Freunde sind sich einig, dass ihnen die persönliche Verantwortung von Kindheit an in ihr junges Leben „eingebrannt" wurde. Es ist eine Belastung, die oft nicht als solche erkannt wird. Wenn ich jedoch mit Psychopathie bei anderen konfrontiert werde, ist Selbstreflexion die einzige Möglichkeit, die zugrunde liegenden Mechanismen überhaupt zu verstehen. Genau das ist der Grund für mich, zu schreiben. Ich möchte alles verstehen und meinen Humor behalten, indem ich die Dinge, die ich verstanden habe, loslasse und mich von allem befreit wiederfinde. Weißt du doch, wie ich es beschrieben habe, als ich in meiner Kindheit immer von Haus zu Haus und wieder zurück ging, um in den Wald zu gehen und alle meine Tiere zu sehen, und mich Tag und Nacht zu Fuß oder auf dem Pferd darin bewegte, sodass ich nur den Gedanken kannte, alles habe Eile, und wenn ich meine Beine nicht in die Händen nahm, würde mir das Leben davonlaufen, wie bei einem schnellen Klavierspiel. Man muss in die Musik eintreten, die Finger benutzen und versuchen, die Geschwindigkeit beizubehalten, den Rhythmus des Lebens zu wahren. Für mich bedeutete es, Arme und Hände und Füße zu benutzen, als wäre ich in einer herzlosen Familie gefangen, als würde mein Vater bei einem Judospiel auf mir liegen, und das kleine Mädchen musste wachsen und Kraft gewinnen, um aus dem Gerüst des Monsters zu klettern.

Ein Mann, etwa 1,95 cm groß,
ganz klar ein Gewinner,
dessen Kind auf seinen Schultern thront,
dessen Arm weit in die Höhe ragt,
dem Kleinen seinen Wald aufzeigend,
damit es wachse wie die Bäume,
ganz klar um der Natur beibringend,
wer hier in der Reihe ganz oben steht,
auch wenn es Wut und Empörung auslöst,
das ist gewollt, denn dieser Mann sei einer
von der Gewissheit, er sei ein Samengeber,
also erklärt sich für seinen Winzling,
und zukünftigen Brötchengeber als
von Vater gekürt, in Mutter's Ofen gebacken,
laut Backpulver und Natron neutral zu Säure,
laut Zitrone im Gebäck fürs Lächeln,
die ihn bei Geburt an ihn abgegeben,
ihre Arbeit war damit getan,
jetzt geht sie wieder 20 Meter hinten an,
würde keine Rolle mehr spielen,
kann ja ihren Ofen wieder putzen,
dann kann ein anderes rein,
dass sie mal für neun Monate ihrs nennen durfte.

Ganz leise, ...
jetzt erst mal Zuhören ! das Helikopter Kind lehrt euch was,
wie mach ich mir einen Kokos Smoothie ?
Man spricht ganz leise, man trägt ein schwarz-weißes Punktekleid.
Man hat den Fokus drauf gelegt, sich ja nicht zu versprechen.
Die Spannung steigt, die Zutaten sind auserwählt, auserlesen sozusagen.
Die Instagram Headline ist offen Ohr.
Das Helikopter Kind will ja auch ETWAS VERKAUFEN,
da es aber ANGST hat, euch allen das persönlich zu sagen,
geht das halt online VIRAL !

Au Backe ! Doof sich an die eigene Backe zu fassen,
sich richtig richtig wohl zu fühlen, aber nicht wissend warum.
Wer fühlt sich gut, wenn er mit nackter Haut,
irgendwo drauf sitzt, was zuvor von fremden Leuten angewärmt ward ?
Man denkt doch automatisch wo das sein kann !
Auf dem Klo, in der Sauna, beim Italiener am runden Tisch,
in der Umkleide, auf dem Sitz im Fitness Center, in fremden Betten...

Mich kann man aber nicht mehr triggern, mein größter Wunsch sei,
dass ich davon träume, von flauschigen Enten und Kuschel Tierchen.
Mir macht es derzeit richtig Spaß, wenn ich um die Ecken biege mit dem
Hund auf einen langen Spaziergang aus, all die Leute zählen, die gerade und
grüßend auf mich zu kommen werden, und dabei die Situationen genießend,
wenn ich bekannten Gesichtern so plötzlich meinen Gruß entgegen schalle,
dass deren Hacken beißer an der Leine sich so erschrecken, dass sie uns
schier am liebsten zerfleischen wollen, wir reagieren dann amüsiert, und
gelangweilt, weil man vielleicht nicht rechtzeitig vom Handy hoch geschaut
hat, ärgert sich aber keiner, war nur ein bisschen plötzlich, wenn der Hacken
beißer so aus dem Bug scheißt, aber es hält keinen davon ab, einfach weiter
daran zu bleiben, was man vorhat, und geht geradeaus weiter.
Auch Heranwachsende und Kinder lassen sich so direkt anmachen, indem
man einfach vom momentanen Wetter spricht, dass die Leute so
unfreundlich werden lässt, wohl weil sie alle am allerbesten in deren
Löchern bleiben sollten. Und andere Kinder gehen einfach schnurstracks auf
meinen Hund zu, ihn zu liebkosen.
Wenn all die fremden Leute heutzutage der Menge sonst was erzählen,
dann sollen sie dir Quellen nennen, glaubt keinem etwas ohne, dass sie
Quellen benennen.
Was passiert zwischen Trigger und Gefühl ?
Die anderen was vom Pferd erzählen, sind Pharisäer, die an der Einfalt
anderer Geld verdienen. Geht doch auch glatt, wenn die positiven
Körperkulte immer zeigen, was ein perfekter Körper kann, und dass dann
ein hässlicher Körper etwas leisten muss, damit er es auch kann, und zwar
unter Mitleid dennoch bewundert würde, zahlt er für die Anerkennung auch.

Welche Paare geben schon offen zu, dass sie Fans von Porno sind ?
Lügen sie einander an, oder geben sie es zu, wo und wann ?

Ich lüge mir selbst nichts vor, wenn ich einen Orgasmus brauche, dann
nehm ich ihn mir, in dem ich klein Batman an meinen viel zu kleinen Penis
denken lasse, und mich entspannt hinlege, bis Batman einen derart schönen
Witz erzählt, und mit Konfetti schmeißt, das ist dann, wenn ich komme.
Also konnte der kleine Mann selbst in meiner Fantasie bewirken, dass ich
den größten, schönsten Orgasmus erlebte, ohne jemand bei mir liegen zu
haben !

Ich renne bestimmt nicht rum, um von allen gemocht zu werden.
Die vielen, mit denen ich auch als Kind zu tun hatte, wo ich gemocht wurde,
sind in der Zahl immer mehr gewesen, als die emotionalen Wunden, die mir
meine Eltern beibrachten, wenn ich es drei mal versuchte, nur einen Freund
mit nachhause einzuladen, als ich jedes dieser mal mit samt dem aus dem
Haus in die Obdachlosigkeit verjagt wurde, und daraufhin für alle drei mal
auch drei mal vergewaltigt wurde. Mir ist es schon klar, dass ich deshalb
meine Eltern niemals mochte, und dass daran alle drum herum stehenden
anderen nicht die Schuldigen dafür sind.

Ich kann es heute auch locker jemandem zu zeigen, dass er mir nicht gut tut,
und dass ich ihn nicht brauche in meinem Leben. Ich habe die große Chance
wahrgenommen, meinen Eltern zu vergeben, in mir drinnen sagt das aus,
dass ich selbst für mich verstand mich durchzusetzen, mich selbst zu
kennen, und mir die Leute vom Hals zu schaffen, die selbst diese
Unfähigkeiten besitzen, richtig mit Leuten umzugehen. Erst bewiesen mir
das die Eltern, dann sah ich, es liegt an vielen, dies zu lernen. Ich muss dies
meinen Eltern nicht mal sagen, es geht hier nur um mich. Ich treffe eine
Entscheidung, und befreie mich. Ich hole mir diese Macht zurück.
Die Wahrscheinlichkeit, dass ich damit nun besser da stehe, als vorher ist
verdammt hoch, da mich neuerdings viele locker, freundlich und häufig
grüßen, und selbst Fremde mir gerne zuhören, dass ich locker fließend aus
vergangenen erlebten Geschichten erzählen kann.

VERSUCH DEIN LEBEN ZU MACHEN !

ACHTERBAHN

ÜBERLEBEN

SELBST GESTALTEN

DIE LADIES HOCHZUHALTEN - HEIKE THIEME - YLVA -

Ich habe Pferde kennen gelernt.
Sie alle zu unterscheiden, in Temperament, Kooperation,
in deren Geschichte, Größe, Pferderasse, Gestüt, Besitzer,
und vor allem, auf allen ich gesessen, die sich in all ihren Farben
unterschieden, nicht nur rot, falbe, braunton, schwarz, nicht nur weiß, grau,
gefleckt, gepunktet.

Pferde sind für mich die Mannigfaltigkeit
Leben in seiner Vielfalt zu erkennen, Alle Farben zu benennen !
Deshalb kenne ich das Leben von seiner Emotionalen Granularität !
Diese Fähigkeit lernte ich von Pferden !

Wenn Life Coaches so viel Müll verzapfen,
dass zugelassene Therapeuten deren ganzen Mist beiseite schaufeln.
Wenn Life Coaches jeden gleich expressionistisch
auf die Bühne zerren, sich darzustellen,
mit Halbwissen, eine Message geben, sie sollen gefälligst "Fliegenlernen",
dass sie ohne deren flachen Rat gar nicht von selbst auf die Idee kämen !

Es sind nun mal immer erst Menschen mit psychischen Problemen,
die bei Coaches landen, in der Hoffnung dort Hilfe zu bekommen.
Wer hilft aber in Wirklichkeit Leuten,
deren Stigma zu durchbrechen,
ihnen professionell Hilfe anzubieten ? ... dann ist das nur für's Geschäft.

Wenn in unbequemen Zeiten, wieder Leute nach Wahrheiten suchen,
sind es immer wieder für die seelisch belasteten Menschen
die Verführer, die schnell da sind,
die ihnen die glatten einfachen Antworten
die ihnen die einfachen Wahrheiten bieten,
die ihnen weiß machen, was nicht ist, weil es keine schnelle Lösung gibt,
weil es kein positives Ende eines Märchen ist.

Je verführerischer das wird, müssen wir alle etwas dagegen halten !

NASH, ein Freund sagte:
"Ich liebe Ihre Texte und Ihre Art zu denken und zu teilen. Ich war das jüngste Kind mit sechs älteren Geschwistern. Zwischen mir und dem nächstälteren Geschwisterkind lagen 9 Jahre. Ich sage das deshalb, weil meine Erziehung weniger streng war als die meiner Geschwister. Die Gesundheit meines Vaters wurde in den 1940er- bis 1950er-Jahren durch den Londoner Smog ruiniert, sodass er bei meiner Geburt zu schwach war, um mit den Fäusten um sich zu schlagen. Ihre Texte helfen mir beim Nachdenken und befreien mich von den Lasten, die wir normalerweise tragen."

Wenn ich so etwas höre, meine ich damit, dass jemand diese Kinder zeugt und dann kein Mitgefühl für sie hat? Das kann ich wirklich nicht ertragen. Ich glaube, ich war eher eines von drei Mädchen, weil ich das nötige Statussymbol war, um nicht einfach als arm angesehen zu werden, aber mein Vater war ein schwarzes Schaf im weißen Fell oder ein Wolf im Schafspelz, wie die Leute sagen. Er fühlte sich schuldig, weil er direkt über dem Graben jagte, als sie die Berliner Mauer in nur 24 Stunden bauten, aber er ließ seine ganze Familie dort, damit er an mir all seinen westlichen Hass mit seinem Privileg, in „Freiheit" zu leben, ausleben konnte. Ich war nur ein Ventil für seinen Hass. Ich nenne ihn immer noch einen kranken Mann mit einer psychischen Störung, aber in meinem Inneren habe ich ihm vergeben, weil es viele gibt, die an solchen Störungen leiden, und die Krankheit bedeutet, dass sie nie erfahren werden, wie andere Menschen sie sehen.

Sie sieht aus wie das Mädchen,
wurde misshandelt,
aber schlug zurück
und schlug ihren Vater einmal,
brachte ihn öffentlich in Verruf,
als sie ihn auslachte,
im Alter von kindlichen 14 Jahren,
und lernte 1.000.000 Mal mehr zurückzuschlagen !
Ich liebe ihren Augenausdruck!
DAS SCHWEIGEN DER LÄMMER !
DIES ZUR KULTURELLEN "ZUKUNFT"
es wird teurer von der Kunst zu leben !
Regionaler Investigativ Journalismus
wird lange schon aus... regionalen Zeitungen raus gehalten !
Nicht mal Lesungen derer Art werden angekündigt...
Hunderte von Büchern werden in Buchläden ausgegrenzt !
Zeitungen dienen heute nur wer sich aus Stadtrat, zum Tourismus,
zum kaufmännischen Treiben, zum kirchlichen Beirat äußert !
Nackte Posen auf Gemälden werden mit TEER & FEDERN
aus Gemälde Galerien entfernt !

Leute jonglieren, weil Männer sich das gegenseitig beibringen,
ihre Säcke wegzustecken, wie Billardkugeln,
damit sie nicht mit Pelztieren verglichen werden.
Ich bin mal in der Stadt so derart mini im Minikleid gegangen,
dass ich nicht sah, wie meine linke Titte raus hing, hihi,
gut damit wurde mir das eines Moments gesagt, und gut war's.
Ich musste deswegen nicht als Instagram Puppe im Fitness Center
modellieren, oder für's Unternehmen das Dress vorführen,
etwa auch in Oma's „Kleinem Schwarzen" in die Sauna gehen,
und nicht reuig abends in der Kneipe Bierflaschen köpfen,
nur um wieder mit den anderen reden zu können.
Männer allerdings, die müssen.

Hervorragende Machende Macher
deren Applaus nicht entfiele, schon wieder kein Hit,
würde den anderen dabei nicht... die Vanille vom Erdbeereis fallen,
weil sie so sehr leiden, und sie keiner ernst nähme,
weil dieselbe Sentenz ihrer Schwankungen,
mehr mit einem langsam kippenden Kran
und beiläufig fünfzehn applaudierenden Gerüstbauern, die dem beipflichten,
wozu sich diese ganze Arbeit noch machen,
aber sie lächeln wie die Vögel, als gäbe es Arbeit, und keiner ist da, beim
Tirili, als stelle man sich vor, es gäbe keinen Krieg, weil keiner ginge hin !!

Wenn dich jemand schlecht behandelt, denke daran, dass bei ihm was falsch
läuft und nicht bei dir. Normale Menschen gehen nicht umher und zerstören
die Seelen anderer.

Wenn du dich fühlst wie ein Schmetterling,
gebiete ich hiermit dir, dann FÜHL DICH WIE EIN SCHMETTERLING,
weil ICH DIR das jetzt SAGE !
- Heike Thieme - YLVA -

Ausgesetzt, bitte teilen !
Ausgesetzte Hunde haben natürlich
IMMER weitaus schwerer als der KLEINE MENSCH,
weil der Mensch denkt, wohin ihn die Füße lenkten,
der Hund verzweifelt, sein Herz zerbricht.

Als du deine Mama gefragt hast: „Mama, war ich dein Lieblingssohn?",
antwortete sie nur: „Du hast es knapp unter die ersten Fünf geschafft, mein
Lieber!" Kleine Kinder sind süß, werden aber zu Monstern, aber ich
respektiere erwachsene Wesen! Ich spreche von einer Mama mit sechs
Kindern.

Manche stecken in ihrem Leben fest, ich sage, was auch immer eine neue Arbeitsbedingung und umso besser würde ich sagen, komm aus dem Loch raus, du würdest sonst depressiv werden. Nimm die Ferrie Reise durch Sonnenschein ! Wirklich nicht so schlecht, um den nächsten neuen Job zu wählen, ich frage mich immer noch, wie du es überlebt hast, in diesem unterirdischen Grab des normalen Lebens zu arbeiten? Während Menschen in ihrer Kindheit mit der Natur verbunden sind, wählen sie einen Job im Untergrund, um nie wieder in das wirkliche sonnige Leben zurückzukehren, was nicht leicht zu verstehen ist, ich kann mir den Sinn in diesem Tun nicht beschreiben ? Aber das könnte in einem Missverständnis enden, wegen des völlig anderen Lebens und der Veränderungen des Lebens, und der Distanz in unserem Leben. Manch einer sagt, man könne sich für dieses Schicksal bedanken, aber von hier aus kann ich nicht erklären, warum ? Zu sagen, sich dem Wald und den Wäldern nahe zu fühlen, ja, aber auch, wenn man in seinem großen Haus zurückbleibt, und in der Arbeit unter Tage, wenn die Seele schwer leidet, wenn andere jeden Tag die Begegnung mit der Natur nutzen, um neu zu heilen. Die Wurzeln müssen auch wachsen, aber die sehen nur einen Baum, und lassen es sein, dass seine Wurzeln wachsen, nicht ihre eigenen.

Um den richtigen Weg zu finden, musst du dich erst einmal verirren....

Es gibt Reflexe zu finden, Emotionen, die guten und schlechten, die Empathie, den sozialen Kontakt, die Verbindung, die Distanz und die Höhen und Tiefen. Erinnern Sie sich an junge Hunde, Welpen, die alle neun zwanzig Minuten springen, dann bums, alle fallen um, wo immer sie sind, wie ein Haufen Epileptiker, dann fünfzehn Minuten nach Bamm erwachen sie alle zusammen, den ganzen Tag lang dieses Spiel, diese Köpfe kümmern sich überhaupt nicht, was passiert, wenn sie schlafen, sind sie einfach im Traum. Aber die Wolfskreatur ist immer dabei, ihren Verstand und ihr Verständnis zu entwickeln, und sie tun es alle zusammen! Das ist es, was ich meinte.

Ich weiß, dass das Leben in England immer am Rande des Erträglichen gewesen sein muss, und mein Leben war auch nicht sehr einfach, und ich hatte Momente, in denen ich in einer Phase von vierzig Jahren Wasserfälle weinen musste, bis die Flut wieder zurückging. Es tut mir so verdammt leid für diese Herrscher, die gutherzigen Menschen eine solche Last aufbürden. Aber wusstet ihr, wenn ein Geschöpf wie ich es geschafft hat, so lange Wasserfälle aus mir herauszuholen und das Drama in mir, dann habe ich es auf meine Weise getan, und diese Fluten können nur aufhören, wenn man innerlich kämpft und sich das Leben allein zurückholt. Ich bin verdammt stolz auf euch Briten, ihr Engländer, denn ihr kennt das wahre Leben, wie es ist, und ihr werdet nie zurückfallen, wenn andere von ihrem Leben erzählen.

Ich habe das in Deutschland nicht mehr als fünfmal erlebt, dass mir die Leute zuhören wollten. Dass ich mich damit abgefunden habe, EINEN GUTEN FREUND aus der Stadt zu finden, den ich einmal auf Kaffee und Kuchen einladen und ausgewogen über die guten Seiten des Lebens reden kann. Ich entschuldige mich auch, wenn ich neue Kontakte treffe, denn ich gebe zu, dass ich, wenn es garantiert ist, vielleicht nicht so egoistisch bin, zu erwarten, dass sie mich besuchen kommen.

Dass ich in dieser Nacht davon geträumt habe, mit ein paar Jungs unterwegs zu sein und zu beschließen, irgendeine Stadt zu besuchen, und zu raten, was die Reisenden erwarten würde? Ich sah, dass es nicht viel war, vielleicht eine Massage, ein Lebensmittelgeschäft, ein Bauer mit Eiern, einige, die an Häuser anbauten, um ihre Privatsphäre zu schützen, und die nettesten Leute mit dem Dollarzeichen im Gesicht und in den Augen und in der Mitte ihrer Stirn.

Ohhh LIEBLING, vor denen bin ich gewarnt, der einzige von ihnen ist immer bereit, eine Sekte um sich herum aufzubauen, um große Geschäfte zu machen, ich habe sie seit 34 Jahren satt ! Sie müssen auf Distanz zu mir bleiben, da mein guter Hund auf sie aufpasst, ich sage dir, mein ausgeglichener und friedlicher Hund sieht es wie eine grüne Glühbirne in seinem Gesicht, wenn sich solche nähern, sie wird genervt und warnt mich jedes Mal, und die Hunde, die diese Momente mit verbringen, werden von meinem Hund gewarnt, also stehen sie bald um eine Person mit einer schlechten Aura vor einem bösen Wesen herum und bellen und warnen laut und direkt minutenlang. Sie wird von weitem richtig laut, wenn scheinbar Mörder vorbeikommen wollen, sie haben nicht die geringste Chance, selbst diese narzisstischen Väter mit Babys, die es wagen, den Arm zu heben, protestieren wir sofort, dass ich dem Scheißkerl erkläre, besser nicht den aufziehenden Helden zu spielen, das macht Tieren Angst!!

JA, WIR HABEN UNSERE SPRACHE, ich und meine LIEBLINGE!

Die aggressiven Outings, Leute da draußen haben ein paar Handicaps, wie ich sehe, ... sie können es nicht ertragen, an einer Ampel zu warten, diese roten Ampeln zeigen ihnen ihre Wut, und das Warten auf das Grün lässt sie die grüne Galle hochkommen, die sie verbreiten, und als sie Passanten erzählten, als wären sie „Schwarze", ging genau in diesem Moment ein schönes Paar mit einer so wunderbar netten dunkelhäutigen Frau beim Joggen vorbei und ließ ihn mit seiner Lüge allein auf dem eisigen Boden des Waldes stehen. Jeder Baum steht besser mit seiner Wurzel. Und jedes Grab ist wahrer, dass es mit ihnen kein Kaffee und Kuchen gibt, wenn sie uns unsere Rente stehlen, also niemand, der SIE einlädt.

Wussten Sie, dass fast alle, die durch die Landschaft rennen und andere Leute regelmäßig laut und voller Hassreden anschreien, alle als Erzieher oder praktizierende Ärzte arbeiten? HAHAHAHA, das, mein LIEBER, ist nicht das Beste für ihren Ruf.

Mansplaining
Eine Männliche Idee von.. angeblich feministischer "Gleichstellung"
im Sinne von koordinierter Formulierung
"Gedankengut im Deckmantel des Feminismus"
nimmt irgendjemand diese "Frauenversteher" ernst ?
Die "patriarchalischen Strukturen" verkrusteter alter Männer,
deren einzig "Investment", das auf taube Ohren stößt.

Ein obdachloser junger Mann aus einer wohlhabenden Familie bat mich um 10 Dollar, damit er essen konnte, weil er hungrig war. Ich gab ihm, worum er gebeten hatte. Er sah mich an und sagte: „Danke, Papa."

Ich sagte zu der alten Frau, die mit ihrem Sohn auf der Straße ging: „Pass auf deinen Sohn auf." Sie sagte zu mir: „Ich bin eine alte Frau und er ist derjenige, der auf mich aufpasst." Ich sagte: „Ich kenne ihn, er ist ein guter junger Mann, aber ich kenne dich nicht."

Ich weiß, dass ich es den Jungs heute erzählt habe ...
sie haben sehr gut aufgepasst,
ich habe in 1 1/2 Minuten alles über den Körper, die Gesundheit,
den Alkohol, das Rauchen, Heroin und Zucker,
das Gleichgewicht und das Ungleichgewicht,
den Diabetes, das Alter und die eigene
Entscheidung, wann Ihr Körper
eine ruhige, direkte Antwort geben wird,
in der Art und Weise, wie Sie Ihren allerbesten Freund behandeln!
Ich bin mir ziemlich sicher, dass die beiden
nicht mehr lange süchtige Raucher sein werden,
sie werden nicht dick von Zucker,
und sie kümmern sich nicht um Alkohol,
oder irgendetwas Ähnliches wie Heroin, HAHAHA

Es ist ein Unterschied, ob du zu mir kommst, weil ich dein einziges Ziel bin, oder weil du einfach verloren bist !

Mein Liebling, ich habe jemanden geliebt, der mich dich hassen ließ.
– Das habe ich nicht.

Wenn wir menschliche Herzen sehen könnten, würden wir in jedem Herzen eine „Geschichte des Schmerzes" sehen, ... und die schlimmsten Schmerzen, die diese Herzen erleiden, ist die Gewalt, die sie sich selbst antun.

"Diejenigen, die sich nicht bewegen; Sie bemerken ihre Ketten nicht."
Ich weiß, diejenigen fahren nach oben, und sehen den Himmel nicht,
sie fahren nach unten, und dort atmen sie nicht,
sie fallen zu Boden, und sie stehen nicht wieder auf,
sie kehren dem Wald den Rücken zu, und ehren ihn wie von der Ferne aus,
sie sind so einfach zu fällen, wie ein Baum, der ohne Wurzeln steht,
sie verstehen es logisch klar alles, aber sie hören nicht auf ihr Herz,
sie sehnen sich noch in der Sonne zurück in ihr Gefangen sein...
was könnte ich da tun ?

Wir haben ein Leben in uns, das völlig anders ist als das Leben, in dem
andere uns sehen. Hinter jedem Schweigen steckt eine Geschichte, die wir
nicht preisgeben wollen. Schweigen bedeutet nicht, den Mund zu halten.
Stille hält dein Herz.

Ich weiß.
Je lauter die Stille ist, desto lauter schreit und protestiert mein Herz gegen
die Kriege, die ich im Leben eines jeden sehe. Und die meisten werden nur
lernen und sich innerlich beibringen, indem sie 40 Jahre lang Wasserfälle
weinen, es ist die melancholische Art, nicht durch Lachen und Glück zu
lernen.

Einer der seltsamen Unterschiede im Leben besteht darin, dass Sie
jemanden finden, der Sie liebt, ohne dass Sie ihm etwas tun, und
gleichzeitig jemanden finden, der Sie nicht liebt, obwohl Sie ... alles für ihn
getan haben.

Es ist das Gesetz des Lebens, mein Freund
Entweder du spielst, oder du wirst manipuliert.
Ich habe mich für das Spiel entschieden.

Schick Schick Schikane

Bettie bleibt bei ihrer Stange.
Sie macht sich vor lauter Freude einen Schnitt ins K.... in die Kehle,
dann kann sie gleichzeitig drei Kaffee trinken.
Sie tanzt sich ein, dann gefällt ihr das automatisch.
Sie wird drin aufgehen, so sagt der Mann.
Wenn sie sich freimacht, dann zählt sie der Männer Boccaccio,
wie eine normale Frau das Tischfeuerwerk,
und spielt denen vor, es sei ihr ein Konfetti "der ganz besonderen Sorte",
dann macht sie halt ein Nagelstudio auf.
Dass intakte Verhältnisse bedeuten, dass eine Mutter nicht anschafft,
dass sie keine Drogen nimmt, oder säuft, dass nun dennoch unter Jugendamt
das Kind via Geburt entrissen wird, ist doch nur eine Machtdemonstration,
zu beweisen, dass Willkür immer machbar ist.

Eine Mutter sagt aber "doch, man beachte das Loch !"
oder "Ich freu mich, wenn ich dich sehe, Jugendamt !"
Meine Meinung aber ist, eine Partnerschaft artet immer eines Tages aus,
in der Weise, dass die Sparringspartner Gott spielen müssen.
"Der Mann, den sie Konfetti nannten !"
Steinzeit Gebrüder hatten vielleicht 40 Jahre gebraucht,
dass sie ihren ganzen Verstand weg gebraten haben,
aber nur als prinzipiell geplant und durchgezogen,
Alleinerziehende, sagt einem das Jugendamt,
nun hast du deine Wohnung, sei zufrieden,
"Es ist immer noch besser als ein 3-Sterne-Puff !"
Ich sagte auch, ein Vater, der viel kleiner,
als er sich selber vorkommt, ob braver Säufer,
ob cholerischer Arbeiter, ob One-Night-Stand,
ist es immer noch besser, gar keinen Vater zu akzeptieren !
Drum gar keinen Kerl, immer die sicherere Variante,
wenn dies auch seitens vom Amt Jahrelange Repressalien,
Unterdrückungsmaßnahmen, Schikanen, Beleidigungen zur Folge hatte.

WAS ABER BESAGT DIE DISKRIMINIERUNG der FRAU ?
der TRANSEXUELLEN ?
DIE ALLGEMEINE AUSSAGE besagt gar nichts :
Was besagt das Antidiskriminierungsgesetz?
Ziel des Gesetzes ist, Benachteiligungen aus Gründen der Rasse oder
wegen der ethnischen Herkunft, des Geschlechts, der Religion oder
Weltanschauung, einer Behinderung, des Alters oder der sexuellen Identität
zu verhindern oder zu beseitigen.

Wenn ich in einem Rutsch über Allzu schräge Charaktere nachdenke,
die allesamt zu definitiver Frauendiskriminierung beitragen,
ob von männlicher oder ob von weiblicher Seite sind mir schlagartig 36
Typen Menschen eingefallen, die ich selber mal kannte !

Das ist lustig, ich bin hier an Land, und viele andere Leute, die ich kenne,
sind von den nordischen Inseln nach Schleswig umgezogen, aber ich habe
auch einen netten alten Mann getroffen, der sich jetzt dazu entschließt, zu
den Friesen an Land zu ziehen, und dort ganz einsam lebt, weil seine Frau
gestorben ist. Meine Nachbarn kommen teilweise von dort, und ich habe die
eine kennengelernt, die die andere und ihre Familie auch von früher kannte.
Die INSULANER, wie wir sie nennen, und die, die ich getroffen und mit
denen ich gesprochen habe, sind nette Leute, aber sie reden nicht viele
Worte, es geht eher um eine freundschaftliche Verbindung. Die Freundin aus
der Nachbarschaft hat nicht das harmonischste Gefühl für eine Mutter und
ist deswegen von zu Hause weggelaufen, anscheinend wie ich. Sie war
schon immer bereit, mit behinderten Menschen zu arbeiten, ich auch. Sie hat
die gleichen amerikanischen Märchenbücher wie ich. Sie hat die gleichen
Naturorte in der Umgebung besucht wie ich, und sie liebt Pferde und Tiere,
wie ich. Sie hatte ihre ersten Erfahrungen mit einem Psychopathen gemacht
und entschied sich für ein Leben auf Distanz, weil sie, genau wie ich, ein
Faible für die falschen Männer hat. Ihre Tochter ist wie ich, so wie ich es
empfinde, und ich habe am 11.11. Geburtstag und sie am 12.12.
Das ist alles so lustig. Es ist alles das Gute und das Schlechte.

STICKING IDEOLOGY !

Alles was Rechts oder Links ideologisch ist, ist verlogenes Zeug !

Woran fehlt es noch, peinlich wie es ist, dass ich der Partei, es noch zu erklären, dass ich sie nicht für wählbar halte, die Grünen ?

Die halten in ihrer Ideologie fest,

die Menschen nach ihrem Aussehen in Kasten einteilt,

haben bis heute noch nicht kapiert,

dass CDU mit denen nix zu tun haben will und haben wird !

Leute wollen sich nicht mit Gewalt von Ungeliebten erklären lassen,

mit welchem Wortlaut sie lieben dürfen !

Der CDU Wähler isst... zum Frühstück:

"Ganz normale Hausmannskost, also Würste, Krabben, Fleischsemmel, Labskaus, Omelett, Konfitüre !"

und im Winter:

"Ganz normales Winteressen !"

beim Arbeitsessen: "All you need, All you can eat, geht ja aufs Haus !"

Der Arbeitslose isst... im Monat stellenweise:

alles was in EINEN Topf geht, und teilt sich das täglich ein,

die Erhöhung der Bezüge eingestellt, CDU Wähler zumindest besteht drauf,

"die Leistungsgesellschaft... muss nun mal auch ihre Opfer bringen !"

So ein Gesicht unserer Politiker, alles in allem ist es ein Gesicht !

Kummervoll

Bemitleidenswert

Trostlos

Hoffnungslos

Frierend

Voller Mies mut

und sagt uns "Tut mir leid", das ist das Leben, das ihr alle gewählt habt,

wie der Zuhälter gesagt hätte,

"Das wolltet ihr doch endlich !"

Die Grünen in Schottland sind gruselige, seltsame Abweichler. Sie sind in unseren Augen die Ferkel vom Bauernhof und Sekten.

Der CDU Wähler besteht auf...

dem höheren Recht auf Respekt, das nur dem Manne zusteht,
dem ausgrenzenden Gedanken, anders geschlechtlich fühlender Menschen,
ihnen auch keine Arbeit zukommen zu lassen,
um die deutschen Kinder zu "schützen",
dass die Leute "im Osten", wo keiner was weiß, wie die da leben oder auch
nicht, sicherlich eine Reise wert sind, mehr auch nicht,
der auf militantes Selektieren besteht bei Polizei,
den Nichtdeutschen als latente Gefahr zu sehen,
Die Umwelt Politik sei ihm ernsthaft gesehen,
die Unfairness eines abwärts gehenden Aufzugs.
Wir könnten auch Leuten wie.. Taliban oder Assad ein Angebot unterbreiten,
mit den heutigen deutschen Politikern zusammen zu arbeiten,
dann fliegen diese mit ihrem Privatjet eigenhändig da rüber,
die ihnen lästigen Flüchtlingsfamilien selbsttätig bei ihren politischen
"Kameraden" als Push-back einfach abgeben ? komische Zeiten, seltsam
und horrific. Ist das zukünftige Politik im Lande ?

DIE BESTE "LÖSUNG" DER DINGE -
Die aller dümmsten Deutschen schreien laut, die schlimmen Dinge,
wie "Ausländer",
wie "Inflation",
wie "Infrastruktur"
wie "Klimawandel"
wie "Physiotherapie"
wie der Versuch mal nachzudenken, und all so was, rät ihnen selbst ....
besser eine Lösung zu finden, sie SELBST AUSWANDERN WERDEN !

Die sind lässig. Jeder Politiker überall. Schau dir so einen Mist nur an,
vor einem verrotteten Gebäude, die Asylanten und rumänischen
Schwerarbeiter, außerdem einem Behinderten, der den Politiker fragt,
was los ist, weißt du, was seine Frage ist? Er fragt, warum das alles verrottet
ist, was die ganzen Männer machen, und warum die Leute alles
niederreißen?

Die die richtige Erfahrung haben. Die die richtigen Berufe haben.
Die dir richtige Expertise mitbringen.
Die ihren Laden aufmachen....
bisschen Fango,
bisschen Massage,
bisschen Stuhlgymnastik,
bisschen Lymphmassage,
bisschen Elektro am Gerät,
bisschen Faszien nachempfinden, hinzu ein bisschen Fußpflege.

Ich sag nur, "MACH SELBST !" und "DENKEN hat noch niemand
geschadet !" Aber egal........
Wer vertraut nicht ALLEM in der heutigen fortschrittlichen Medizin ?

Wie sagen die oberen von der Politik ?
ARBEIT mach FREI ! Also bezieht euch auf den ARBEITSVERTRAG,
der besagt, IHR seid auf der r....ichten Seite,
MÖGLICHST wenig Arbeitszeit zum Nutzen von ….
zwecks Qualitätsprämie,
zwecks Ersparnisprämie,
zwecks Nutzungsprämie

Was gefällt mir nicht ? In Punktgo ob die Giraffe in sich zusammen bricht ?
Werden alleinstehenden Frauen, denn nicht immerzu nur
deren Eltern aufs Brot geschmiert ? und sollen sich für deren Verrat noch
offiziell vor allen Fremden schuldig fühlen ? und würden nicht von
schlechten Eltern sein, wenn sie sich ihnen unterwarfen ?
Oder wollt die Öffentlichkeit sinnieren,
wann der Hausmann sich endlich aus Scham über sein Leben
auf dem Dachboden erhängt, und man mir endlich die Schuld dafür gibt ?
oder ist es die systematische Lebenserfahrung
bei ALLEN Arbeitssuchen, die ich anstellte,
dass man mir partout prinzipiell keinen ARBEITSVERTRAG aushändigte ?
Missfällt mir sehr !

Sexualität ist nicht... das gewaltsame Wesen,
dass man in ein Bild rein zwingt, um sich am Gemälde abzureagieren !

Was ist das eine Welt, in der ein Menschenhirn sich...
größer als der Globus wähnt ?

Welch Reh in Frauengestalt glaubt einem Faun in Lockenfell ?

Wem ist die Würde des Menschen gleich,
der sie dir Häppchen für Häppchen abzukaufen bereit ?

Wer nennt das Kunst, der die Aggression im Bild darstellt,
doch Schritte vor der Frau stolziert ?

Dazusitzen in Kälte
ist wie
momentan Leuchten
in der Hitze
ist wie
sein Ich bei sich wahrnehmen
ist wie
denkend geradeaus gehen
ist wie
interessiert sein, was wird es werden
ist wie
unbekümmert, unvermittelt fragen
ist wie
eine Antwort kriegen
und diese lieben !

Der studierte Blick eines Kunststudenten hat dies klar im Blick -

der Trump Clan im Stillleben verrät, dass Trump in Amerika eines Tages, ALLE FRAUEN 1x GEFICKT haben will !

Mein Bild beweist ! Der Beweis,Ramstein,1982,Vergewaltigung meinerseits

Jetzt weiß ich auch, warum ich vor meiner Flucht 1990 über Wochen lang an einem Buch von Wittgenstein gelesen habe, das war der Sinn dahinter ! Danke, für den Hinweis.

deutet also, sein Leben unabhängig von Erbschaften zu leben und deren Einfluss nicht ins eigene Leben gelangen zu lassen. Wer es Wittgenstein gleichtun möchte, kann ein Erbe also annehmen und dann weiterverschenken. Der Exzentriker spendet aus dem väterlichen Erbe im Juni 1914 unter anderem insgesamt 100.000 Kronen an die Künstler Rainer Maria Rilke, Else Lasker-Schüler, Albert Ehrenstein, Carl Dallago und Georg Trakl. Wittgenstein tut dies anonym mit Hilfe der Innsbrucker Zeitschrift „Der Brenner", heute würde man hierfür eher eine Stiftung zwischenschalten. Bald darauf gerät Wittgenstein

WIR SIND EIN TEAM ! UND IN EINEM TEAM
FÄLLT MAN SICH NICHT GEGENSEITIG IN DEN RÜCKEN !

DAS WO MAN SICH GEGENSEITIG IN DEN RÜCKEN FÄLLT,
DAS NENNT SICH FAMILIE !

Arbeitslos - schon probiert ?
Kriegst 6,42 € fürs Essen jeden Tag.
Wenn DU JETZT aber zu denen gehörst,
die im Berufsfeld DEINER WAHL und Arbeitserfahrung und DEINER
KOMPETENZ, die unbedingt ARBEIT SUCHEN, und ALLES dafür
GETAN HABEN, es für deine Kinder zu tun, das Schmankerl ARBEIT
bereitwillig über dich ergehen zu lassen, wenn man DICH gelassen hätte !

dann bewirb dich jetzt bei den GELD Empfängern,
leg dich für deine Freunde flach, darin kannst du gerne ALT WERDEN,
hast ja früher schon kein großes Glück, und dich so viel abgestrampelt,
WARUM brauchst DU noch ARBEIT suchen ?
Der NEID deiner Kollegen, dich dich MOBBEN,
lässt darauf längst schließen, dass du ÜBERQUALIFIZIERT SEIST,
deine einzige OPTION so lautet es doch, hängen in der HÄNGEMATTE !
und statt das Leben wie ein FEST zu FEIERN,
kannst du dann ja von meinem Geburtstag letzte Woche
ein STÜCK teilnehmen mit einem STÜCK Geschenkschokolade,
denn WAS UNS NICHT UMBRINGT.... macht uns nur .... härter !

SIE SAGEN VON OBEN
WIR SIND ALLE ZUM ARBEITEN GEBOREN !"

... wie die vielen kleinen Kinder, die man am Strand sieht Burgen bauen,
... können das die Großen Kinder auch !
die können sich eine Scheibe abschneiden, sich im Sandurlaub aalen,
die ihre Beine als Pool – Nudeln preisgeben können,
wär doch eine Art Zuverdienst, nicht wahr ?

Rechte sind am meisten enttäuscht,
weil sie in Medien, Zeitungen, Lesungen, Kultur,
anstatt warmherzig aufgenommen, absolute Ablehnungen erfahren !
Es ist nicht das Ablehnen gealterter Seniler,
es ist vielmehr das Ablehnen von Windelträgern,
die kein Bewusstsein für Witze oder Ironie besitzen.

In unserem Land ist es eines jeden gutes Recht, keine Interviews zu geben !
Für Viele wäre es ein guter Rat !
Es bedauert ein Nicht-Erscheinendes-Publikum !
Und dass Politiker sich Journalisten wünschen,
wie moderierende Einlegesohlen,
rein treten und sich wohlfühlen, ist nicht neu,
doch Journalismus frei von Meinung,
ist das Gegenteil von Meinungsfreiheit !

Was wollen diese ... eigentlich ?
Diese Fettleibig Asozialen, deren Unvermögen besteht,
gar kein "Wir" - Gefühl zu kennen, werden eines Tages 80,
und dann wollen sie in dieser Welt auch gern richtig alt werden,
aber vor Leuten wie ihnen … nicht derart alt aussehen müssen !

MACHTMISSBRAUCH am ARBEITSPLATZ !
Auf der Basis wie Vorgesetzte,
die solches Verhalten bei der Kirche einschulen,
einer wie mir am Arbeitsplatz begegneten...
die glatte Vorführung einer allein erziehenden,
die er im Imbiss als Bedienung schier von der Theke runter penetrierte,
das wie er sagte, "Das war rein beruflich",
weil sein Arbeitsessen nun mal im Imbiss stattfand,
aber dann brachte er mir bei, dass wie er sagte,
"Das aber mit mir als Kollegin, das sei rein sexuell !" obwohl keiner
ihn danach fragte, fasste er mir fast an den Bauch, dass mir schier
der Kaffee hoch kam, bei dem geleckten Pfauenhaften dämlichen Depp !

MACHTMISSBRAUCH am ARBEITSPLATZ ! WAS ICH WILL ?

ICH WILL ALS FRAU auch HIERZULAND den SCHUTZ vor
Machtmissbrauch, Sexismus, Rassismus und Diskriminierung
in DEUTSCHLAND, wie es sich Frauen gegenüber gehört !

Die Dating Weiber vom Kuppel Portal,
sie sind alle sehr verletzlich, sehr offen, und unheimlich solidarisch,
die jungen Weiber nehmen immer Tabletten,
die mit Essstörungen sind wenigstens im Rendezvous
nicht sehr teuer, aber die sind meist zu jung, helfen mit Knacks gerne aus,
also das Händeschütteln und gleich zugeben, "Ich bin Alki !"

Ein Eber auf Verführungsgang
die Sau sieht an wie nackt stand er da
der Eber braucht kein Mäuschen piep
die Sau drauf sinnt, er sie sich nimmt
der Eber füllt die Stille mit Bier
die Sau sich willig betrunken besinnt
der Eber mucksmäuschenstill hinten nach
die Sau nimmt den Korken der Flasche
und sagt sich, besser die leere Flasche in der Hand,
als Dosen mit Dosenpfand !

Der Blick in die tiefen Augen, diese Momente sind manipulativ,
sie senkt ihn, und will in die Liebe "fallen",
und alles ist gebongt, ran an den Speck.

Hast den besten Freund verloren ? Suchst du eine Physiotherapeutin ?
mit dem Muster Helfer Komplex ?

Den Alkohol beiseite, jetzt der Vegan, Magersucht eins beibringen,
das sei alles nur zum "Rumkugeln"süß mit ihr,dett junge Deern weeß janich,
"dass es für dich immer so verdammt schwer ist, davon loszukommen !!"

Nicht schlecht ! Ich habe in den letzten Wochen damit begonnen, meinen Eltern zu vergeben, aber nicht auf die Art, sie erneut zu kontaktieren. Das fühlt sich jeden Tag besser an, weil ich so gut weiß, dass mein Weg immer der bessere war ! Ja, der Teil des Verzeihens muss nicht unbedingt diejenigen betreffen, denen man vergibt, und das Zweite ist, dass man NIEMALS ETWAS BEREUEN MUSS! Sie waren nur mein persönliches Beispiel dafür, wie man seinem Kind gegenüber die schlimmsten Fehler machen kann, aber es wird nie gelingen, das Kind dazu zu bringen, sich für die eigenen Fehler zu entschuldigen. Es ist besser, Abstand zu wahren, um nicht auf dieselbe tiefe Ebene des Verrats und Hochverrats dem gegenüber zu fallen.

Jeder findet seine Lösung für jedes Problem, indem er offen und aufschlussreich in den Antworten anderer Leute recherchiert! Natürlich ist der Typ des Scharlatan-Arztes überall verbreitet, genauso wie der scheinbare Handwerker oder der dringend benötigte Coach, der Ratschläge und Hilfe aller Art braucht. Das heutige Credo lautet: „Wie man viel Geld macht, ohne sich um irgendetwas zu kümmern". Ich habe diesen großen Gedanken nur an andere weitergegeben, einige werden damit Hilfe und Hoffnung finden.

Gut, die Begleiterin in meinem Leben, benötigte keine Sondereinladung. Meine Hundedame, verwechselt nicht Halbinsel mit Festland, nicht Singlefrau mit leerem Strand, nicht gemeinsam alt werden mit Verzweiflung, und was sie mir alles an Lebensfreude und innigem Zusammenhalt leistete, mit allem, wozu sie vermag, so feiern wir nun Mable's dreizehnten Geburtstag ! Dies wird ihr Tag, und wir feiern wie immer gern alleine !

Wenn einer versucht, sein Problem zwar zu verdrängen,
aber dem Alkohol zu entsagen, der fantasiert in der Ersatzdroge FANTASIE
vom SAUFEN immerdar ! "It's all about reality !"
WAS ist dann schöner ?
Die Nutte im Glas, oder die Flasche des Säufers der Gosse ?
Die Poesie geht da glatt... ihren freien Lauf

Manche ergötzen sich an ihren Vätern, beim Anblick im Altersheim,
ich weiß nicht, was soll es bedeuten ?
Sie sehen erst einen behinderten Mann.
Sie glauben in ihm den schlimmsten Kerl.
Sie belächeln ihn, der nichts kapiert. Sie fühlen sich bei der Arbeit gestört.
Sie belustigen sich über ihn, und lassen ihn basteln.
Sie entschuldigen sich für seinen "Übermut". "Übermut" wird ruhig gestellt,
gewaltsam verabreicht, betrachten ihn als Genossen vom Kindergarten.
.... aber in Wahrheit steht er unter falschen Medikamenten.
.... die Medikamenten Mafia spielt hier ihre Rolle.
.... billig, effektiv, lukrativ, Angehörigen freundlich MAFIÖS !! SIEH AN !!
Die Einen werden in Heimen unter Gewaltanwendung ruhig gestellt, deren
Maul gestopft, wie man mit ansieht, die meisten unter Placebos gesetzt !

Die Liebe ist manchenorts keine Diagonale.
Die Liebe will zur Königin krönen. Die Liebe will die Einsamkeit nehmen.
Die Seherin erkennt in allen Frauen Konkurrenten.
Die Klammerer gierten nach dem Strohhalm.
Die Lampe geht ihm auf, als sie boshaft wird.
Die unerfüllte Liebe einer Frau sage und schreibe Fehltritt.
Der letzte Wille endlich einen Kerl zu gewinnen.
Die Frau wird garantiert zu keiner Party eingeladen !

Zum Geburtstag von Mable. Ich geh mit dem Hund eine schöne Runde,
ab zur Wiese, in Wind und Wetter. Das ist Herbst. Sie ist Mable.
Ja, das ist sie in der Tat. Sie lügt keinen an. Aura erkennt sie.
 Freunde nennt sie Freunde. Ja, der Herbst lohnt sich allemal.
Dann zerrt er an der Jacke. Und Vögel spielen im Wind. Eine gute Zeit zu
lachen. Mir ist der Herbst ein Modell. Er heißt mich lebendig willkommen.
Will es mit mir erneut versuchen. Und er ist einer, der nie fremd gegangen.
Er zeigt mir die innere Hitze. Will mich mit Wonne durchschütteln.
Und er macht mich stark, bis ich zurück bin. Es ist wie ein Abschiedsfest
der Bäume, die ein ganzes schweres Jahr hinter sich brachten,
und jetzt zeigen, was sie auszuhalten fähig sind.

AMTLICHE GÄNGELUNG ! abzielt auf die WÜRDE des MENSCHEN.
Die Suizid Geschichten sind immer scheiße.
Haben Sie etwas auf dem Herzen - Raus damit !
Der eine ist die Erkenntnis nicht gewohnt, dass man ihn für unehrlich,
verstockt, und Möchtegern hält, dann dass er sich im Badezimmer erhängt.
Der andere wird kurzerhand vor einem Suizid gewarnt,
der bei ihm gewisse Gefahren aufzeigt, und er bringt sich um.
Der eine springt im Kokain Rausch kopfüber aus dem Fenster,
wohl weißlich was das Zeug aus Leuten für Wracks macht.
Der andere hat einen Zwillingsbruder mit Freunden,
sein Zwilling fühlt sich allein in der Welt zurück gelassen,
und demonstriert den Abgang, weil die Welt davon nichts gewusst.
Der eine hat Krebs und verbarrikadiert sich in der Kammer,
weil er von der Welt nicht mal mehr Abschied nehmen will.
Der eine zieht es vor in seinen geplanten Tod, aus Schuldgefühlen
drei andere Ahnungslose mit hinein zu ziehen, es bleibt nur ein S.O.S.
damit die Welt spektakulär davon erfährt.
Der andere gelangt mit Applaus ins Rentenalter,
und will so nicht mehr alt werden, legt sich ins Schilf,
bis die Zecke beißt und alle Körperteile fallen von ihm ab.
Der eine auch am Höhepunkt des Daseins angelangt,
nimmt im Garten die Pistole und erschießt sich einfach.
Der eine fürchtet sich dem Sohn unter die Augen zu gehen,
der immer wieder nach ihm fragt, wartet auf seinen Geburtstag
und säuft sich in der Nacht einsam tot.
Der eine sieht das Leben als Grund zu feiern, und feiert,
bis er an allen Drogen dieser Welt dahin geschieden.
Der eine erfährt von anderen, er solle seine sexuellen Präferenzen
neu aufleben lassen, spürt aufkommende lieblose Depression,
und sieht seinen Hausmeister kommentarlos auf dem Dachboden erhängt.
Der eine will nie wieder zu seiner Insel zurück, weil sein Kindheitszuhause
ein grausige Erinnerung blieb, so soff er, bekam Diabetes, und handelte sich
Lungenentzündung ein, da konnte die Verlobte auch nichts gegen
ausrichten. Der andere schwört dem Freund ewige Treue, liegt tot im Bett.

Nicht erschrecken.

Ihr seht in die Augen ihres erneut auserwählten Hochstaplers,
er stapelt erst sehr tief, dass der Speichel trieft, wird es dein Flacher Coach,
dass du nachher erst wusstest, du hattest nie nach ihm gerufen !
Was machen Hochstapler ? Sie tun alles was Kriminelle tun.

Also die Verführung wütet, bei denen, die ihr Privates nicht im Griff haben,
so schnell heißt es, "Fahren wir zu dir oder zu mir ?"
Der weiß den zu ertappen, der für ihn behindert galt,
weil einer, der nichts weiß, und doch alles weiß,
immer alles sagt, das ist bekannt.
Musst ihn nur umarmen, wie sein bestes kleinstes Brüderchen,
der Kleine immer Süße gern gesehen, und der Große, der im Weg steht,
hat irgendwann angeblich beschlossen,
"AUS DEM LEBEN ZU GEHEN !

Sieh dir Frankreich an, Kolonialisten auf Martinique
aber Desinteresse aller Dinge dazu.
Sieh dir Spanien an, Rechtsgerichtete färben es schön, was Diktatur,
Kolonie, Völkermörder, Sklavenhalter, leugnen das entzauberte Trauma
und wollen sich selbst "heilig" sprechen.
Sieh dir den Osten an, links und rechts extrem am gleichen Strang,
wollen kein Asylrecht, wollen Flüchtige draußen behalten,
als gab es im Holocaust nicht genug davon.

Jemand, der das System heute nicht mehr kritisiert, hängt im ewig Gestrigen
fest, wie bei einer Schleuse, wo die Mechanik nicht funktioniert, die besagt,
dass...Leute auf dringender Arbeitssuche, mit Kind nach Vermittlung auf
Amt ersuchen,
1. zu Arbeitslosen gemacht werden,
schon weil die Kirche sie mittels Amt zu "Asozialen" erklärt.
2. zu kirchlich unbezahlter Zwangsarbeit verdammt, wo ihnen zwecks
Schnellabfertigung "Prostitution" ans Herz gelegt wird.
3. zu Nachbarschaft, die alle gerne über sie drüber wollen, das Werk erfüllt.

Meine Antwort :

"Ich muss es den Sozialkrüppeln, die sich für dies verdingen,
nicht nachahmen, weil letztendlich immer noch ich am langen Hebel bin,
der wenn überhaupt entscheidet, wann er unter Partnerschaften leidet !"

Die Schönen Extremisten...
die Ladung, Transport im Kanu
die Ware Ex freundschaft, das Schiff, Liebe versinkt,
Bruderschaft verloren,
Feierabend, Abendessen,
und es sind immer die Bananen schuld,
und Hühnerbein zu Frikassee,
und ein Brüderchen zum anderen Feind,
und studierte wenig hässlich wie die Nacht,
und der Familienmensch hat's mit Grüffelo.

Unter der Annahme, dass ein kommunikativer Dichter in 15 bis 20 Jahren
genügend kreative Kraft und erfolgreiche literarische Leistung gezeigt hat,
das gilt auch im Verhältnis zu anderen Menschen, diesen persönlichen
Erfolg muss man einfach jedem weiterempfehlen !

Ich glaube, die Prostitution gibt es nur, als Blaupause hinzu sozusagen,
weil es dicke Tanten gibt, mit Perlen um den Hals, Choleriker im Gepäck,
die Untergebene schikaniert, die höchsten Sex per Annonce abverlangt,
die zu spät gekommen war, die jeder Auszubildenden in die Nase beißt,
die Unterordnung abverlangt, die schleunigst Leute entlässt,
die im Auftrag für die Romanze dient, die daraus gut Geld verdient,
die andere schön machen lässt, und ihrem Pudel stets Wasser bietet.

Dementia ? Wie tief kann ein politisch gepuschter Lauch die Sucht
nach Aufputschmittel, nach Stabilisator, nach Kreislauf stimulantien,
nach Lügenmaul-Schulung, nach dem Gang ins Bordell... vor dem Gang
in die Alterspflegestelle das noch überspielen, dass er ein Nichtsnutz ist ?

Warum er nie herausgefunden hat, was Respekt bedeutet,
Vater hat den Kühlschrank abgeschlossen,
Mama war immer betrunken und schrie, beide geschieden,
aber tranken immer noch zusammen mit diesen „besten Freunden".
Warum er schon früh keinen Charme hatte, freundlich zu sein,
in die Schule kam, und einmal in die Pubertät, sahen wir alle,
dass der Herbst in dem Gesicht grau war, die freudige Kindersonne fehlte,
er sah so mürrisch und schlecht gelaunt aus, glaubte, er würde wie Mama
und das war das ERSTE MAL, dass dieser Junge unabhängig DACHTE!

Kleine Töchter sollte man nicht missbräuchlich behandeln,
mit dem Ziel sie zeitlebens in ein gespaltenes Dasein zu zwingen,
in dem nur ihre Eltern walten, die es alles, was sie selbst war,
töten zu wollen, mit dem Applaus der Umher stehenden, denn die, welche
vorgeben, zu stehen, in dem Fall sind alle faule Stümper, die nicht mehr im
Leben bewirkten, sich an wehrlosen Schwachen zu vergehen!

Gestern waren wir noch Kinder. Familie aus dem Bilderbuch.
Muss nur der Vater gewalttätig ausbrechen.
Lernten die Kinder auf sich allein gestellt zu leben.
Ein Kind sucht sich ne wohlhabende Partie.
Ein Kind nimmt den erstbesten Schulkameraden zum Mann.
Eins aber geht aufrecht auf seinen Beinen durchs Leben.
Wer von allen Drei muss wohl fast alles an Hölle durchfahren ?

Autoritäre Systeme suchen...erst die Kinder andere zu stehlen,
dann wenn keine Blume mehr wächst, keine Biene mehr summt,
kein Vogel mehr am Himmel, kein Blatt im Baum mehr weht,...
dann fangen die Idioten an zu suchen nach dem verspielten Zauber
einer Diktatur, und den Beweisen von übernatürlichen Phänomenen,
nach irgend etwas das sie vom Alltag ablenkt, gibt es aber nicht.

Manche Rechtspopulisten haben gar nicht raus finden können,
was es damit auf sich hat, dass in gewissen Nachtschränken,
nach deren konspirativen Treffen, Gelder wie von unsichtbarer Hand
einfach verschwinden, oder … werden sie dem Staat geklaut ?

Der übliche Tand wird erfunden. Ganz gleich ob wirksam oder nicht.
Die Heilpraktiken von Fälschern, geben bekannt das Elixier
für die "Unsterblichkeit" erfunden zu haben,
besonders wirksam in Kreisen der Wohlhabenden und Feinen,
die können am besten hinein investieren, weil sie bessere Chancen haben.
Manche Systeme stellten fest, dass die physische Beschaffenheit
der Bevölkerung arg zu wünschen übrig lässt, werden früh und schnell alt
und krank, das macht die Menschen unschön gesehen
nicht zu Ewigen im zukünftigen 1000 Jährigen !

Nun fängt das in ganz kleinen Schritten an. Erste Schwerreiche setzt man
auf Fahrräder. Reiche fahren als Gruppe wird das ausreichen den Rest der
anderen, mit dazu zu bewegen sich zu bewegen ? Schritt zwei wäre und das
ist am schwersten, die Menschen dazu zu bewegen, wieder Empathie
Fähigkeit zu trainieren, in Verbindung mit geistiger Aktivität !

DIE CHANCE BESTÜNDE DURCHAUS;
KANN SICH ABER NUR NOCH UM EIN PAAR JAHR -100 DREHEN

We Are On It Comrades !

Welcher Wissenschaftler ist kein...Verrückter in dieser Welt,
der nur heraus fand, was rational gesehen auf Menschlicher Dummheit
beruht, naiv und irre sein, muss ein jeder, der sich diesen Dingen annimmt,
wo er sieht wie die eine Maus ewig lebt, und die andere Maus gehen wird,
insofern geht es dem Forscher besser, der sich mit Außerirdischen unterhält,
Grußkarten an den Yeti schickt, und ab und an mit Loch Ness telefoniert !

Mobben ist gezielt – Wir sind an Euch dran, Kameraden !
Die dich liebend gern umwanden, deren Kleid trag ich nicht.
Die dich auf deinen Wert ansprechen, ohne dich im wahren Leben gesehen.
Die dich für gerade noch gut aussehend genug halten,
und für einen einfachen Mann gut genug anzusehen.
Die dich für klug genug halten, mit Geld umzugehen, das sie gerne hätten.
Die sich vorstellen wie ein Chamäleon, erst als Ehrenmänner,
dann als ewig auf der Suche nach Wissenschaft,
schließlich als Hundeversteher, dann verhöhnen sie dennoch den Wolf,
wissend sein Frauchen sitzt vielleicht daneben, wohin gegen sie nichts
ausrichten kann, weil ja die Verarsche aus der Ferne auf sie gerichtet.
Die nie mit Menschenverstand rechnen, deren Warnung in der Stimme liegt,
weil die Ferne eben auch durch Kenntnis aus der Ferne siegt.

ICH HABE DA EINE FRAGE !
Wenn wohl weißlich immer der innige Wunsch darin besteht,
den Verlust seinerseits mit.... der Erschaffung einer Puppe zu versehen,
die gehorcht, und den Schmerz übertönt, weil man durch sie
mit dem Bauch reden wird, der Hässlichen ein Leben verleiht,
für den Ballast, den man mit ihr trägt, zudem einen Ersatz schafft,
den Menschen die angeblich versäumte "LIEBE" zu erschaffen,
die ihnen verloren gegangen ist, der bildet sich das auch ein,
der "Welt" etwas persönliches zu hinterlassen, dass auch ein Cyborg fühlt !
Womit in aller Welt sei dem Menschen darin gedient ?

Kinder werden auch grausam. Sei es, sie fühlen sich ausgelacht.
Sie fühlen sich unrecht behandelt. Sie haben es satt zum Gespött zu werden.
Sie hielten es für einen Feigling. Sie amüsierten sich über die Familie.
Die väterliche Vorstellung lag auf der Seele.
Die Kenntnis so keine Freunde zu gewinnen.
Die Schnelligkeit, sich den Schmerz von Herzen, den Trost, den Frieden,
die Sonne scheinen zu lassen, wenn der Künstler Vater's endlich stirbt.
Der Mörder ist immer der Kleinste, der von allen verkannt,
der die Schuld jeder Kunst gibt, die seine Fähigkeiten nicht anerkannt !

Ja, das bringt mich wirklich ein bisschen zum Lächeln, hihi. Ich sehe draußen, wie diese jungen Schüler von der Schule nach Hause rennen. Diese Brünetten haben alle den gleichen Laufstil, um die Schnellsten zu sein, mit schnellen Marschschritten und hängenden Armen, ganz schwarz gekleidet, als ob es Beine und Arme in einer scheinbar magischen Verbindung bis zum Hals gäbe, als ob der schnelle Lauf wie eine kleine Nähmaschine der Öffentlichkeit ihren überforderten Sex zeigen würde, als ob ihre Beine sich so bewegten, um ihr beim Loslaufen einen Orgasmus zu verschaffen, und nebenbei wäre sie die schnellste Langstreckenläuferin aller Brünetten und das ist alles, woran sie dachte. Ich meinte damit, dass andere sich nicht ihre ganze Pubertät darauf konzentrieren würden, weil sie beschlossen, zur Schule zu gehen, weil sie wissen, dass allzu früh geborene Kinder meist nur von den Müttern unterrichtet werden, wie sie die egoistische Lüge weiterführen können. Das ist ein Schutzgedanke intelligenter Mädchen. Ich finde es besser, nicht an einem Wettbewerb teilzunehmen, wer im Bett am besten ist.

Du bist wie ein Tattoo... mit jedem Herzschlag in mein Gesicht eingeprägt... Ich finde dich. Wie Geheimnisse... Du lebst... tief in mir und gibst mir... die Kraft weiterzumachen.

Ein Lehrer in der Schule bat mich, ihm zu erklären, was ein gerader Weg bedeutet. Ich sagte ihm, dass glückliche Menschen darauf laufen, aber dumme Menschen. Er sagte zu mir: „Wer bist du?" Ich sagte: „Der Weg." Er sagte: „Und ich?" Ich sagte: „Wer geht auf dem Weg?"

Ich seh es vielfältig, jede Faser unseres Dasein schlägt wie ein Herz
im Herzen schlagen viele Herzen, wir sind von Wasser geschaffen,
das pulst durch alle unsere Gefäße,
all das Herzepochen geht von allein vonstatten,
wir können uns gegen unsere Herzen
niemals wehren, weil sie für uns schlagen,
ohne dass wir dazu etwas tun,
ohne dass es zu verhindern wäre !

Die Liebe wird durch keinen Umstand besiegt, es sei denn, der Feigling
hisst die Fahne der Kapitulation, deshalb wisse, mein Ungeduldiger,
die Liebe wie du es siehst, braucht Zeit ! Solange wirst du alles dran setzen,
die Leute im Namen der Liebe um ihr Geld zu bringen, und dir alle Zeit der
Welt nehmen für eine universelle Romanze, die um die ganze Welt geht.

Es gibt diejenigen, die darauf warten, dass Sie einen Fehler machen, damit
Sie sich selbst verlieren können. Versuchen Sie, die Dinge für ihn nicht in
die Länge zu ziehen. Wir sind im Zeitalter der Geschwindigkeit..!

Es ist die Haltung auf die es ankommt.
Wie man jemandem begegnet,
so lassen sich alle Verhältnisse auflösen,
Zweifel aufheben, Tatsachen fördern,
Bedingungen knüpfen, Behinderung beenden,
Augenblicke sich in Respekt verwandeln.

Ich meine auch,
dass solange schon über alles,
und gemäß einem Gott in der Welt,
stets und ständig rauf und runter gebetet wurde,
aber das Gebet einzelner,
hat lediglich dem einen oder anderen
Der Nachbar bescheinigt,
man hätte der armen Dame gegönnt,
dass ihre Seele Ruhe finden würde,
die Ruhe geschenkt, neu anzufangen,
das Feld zu räumen, woanders neu,
die Panik liegen zu lassen, wo man war,
die Attacken drauf hin erst viel später
und sämtlich durchgestandenen Tode
zu konfrontieren und draus zu wachsen.
Wer es erst allein geschafft hat,
der hat auch keinem Gott die Trauben gestohlen !

Spionage Krimi

Ich halte nicht her für Alte, ich seh noch ganz annehmbar aus.
Ich behalte meine Sprache bei, sie ist mir nicht einerlei.
Ich besitze das, und mein Erspartes gilt keinem anderen.
Ich besuche niemanden, dessen Schmeichelei mich umringt.
Ich beschuldige niemand, der mich interviewt, mich zu beeinflussen.
Ich rege mich nicht auf über ungelegte Eier, das erwarte niemand von mir.
Ich brauche kein Kindermärchen, um mich auf die lange Bank zu legen.
Ich konditionierte mein Kind nicht, um dann öffentlich peinlich aufzutreten.
Ich benutze nicht die Ellbogen,
um billig so viel zu fressen, und andere umzurennen.
Ich halte nicht den unfreundlichen Kiosk an der Ecke im Rücken,
um nie zu grüßen.
Ich lüge nicht und lass für mich lügen,
weil ich mich nicht im Quartal sporadisch betrinke.
Ich hüpfe nicht den neuen freundlichen Nachbarn entgegen,
ihnen die Zunge raus zu strecken.
Ich vögel nicht die Kerle, um sie für mich abzurichten
und bei Disharmonie abzuschießen.
Ich beweise keine Gestaltlosigkeit
und schicke talentierte Berufsanfänger auf die Straße.
Ich muss nicht von jedem Frosch als Prinzen gesehen ein Kind mit zeugen.
Ich brauche keinen Versorger Schwanz in mir,
um damit Frauen lauthals aus der Bahn zu kicken.
Ich habe keine Eifersucht gespürt, als Chelsie erzählte,
die Nachbarin auf der Insel auch zu kennen.
Ich nenne keine dänische Gouvernante meine Freundin,
nicht mal eine Verwandte.

Das Mädel kann nicht in echt fliegen, weil sie die anderen, die aussehen wie sie imitiert. Die Füße stapfen wie im Kriegsfeld, es der Welt zu zeigen, was ihren ausnahmslosen Sex betrifft, doch in dem ihr Schritt dem der anderen ähnelt, rennt sie von der Schule heim, um einmal die Schallmauer zu durchbrechen, es all den Schlampen zeigend, dass sie ohne alle anderen schneller beim Fummeln kommt. Die Arme hängen schlaff links und rechts, weil es auf das Fliegen ankommt, damit zu Fuß gehende nicht Schritt hielten, die Arme erwecken den Anblick der Verlängerung der Beine, als würden die ihr bis zum Hals reichen, und könnte ihr Nähmaschinengang ihnen im Fortgang selbst bereits einen Höhepunkt bedeuten. Die paranoid anmutende Schrittgeschwindigkeit dieselbe zu beobachten bei Frauen in der Menopause, die dann dasselbe nachahmend, niemanden mehr überzeugen wollen.

Sie hängen in der Bubble, der Scheinblase, dass sie von unsichtbaren Fäden zusammen gehalten würden, die in der Fachwelt NANO Faser heißen, und dünner wie ein Haar jede Last für sie tragen könnten, doch fast unsichtbar wirken. Doch unbegreiflich nur die Nachahmung und das Nachstellen kosmischer Sachverhalte, hat noch keine pubertäre Göre zur weisen Frau gemacht, einfach weil sie nur Sex im Kopf haben, dass heißt bei unvorsichtigem Verhalten, dass sie morgens fern des Elternhauses, in Nächten mit egal wie vielen und wem auch immer durch die Betten tigern, morgens muss dann wie jeder wieder aufstehen, und alle am Abend wieder miteinander in den Betten liegen, das heißt damit sei dann meist die ganze Stadt gemeint, die es gleichzeitig mit einer einzigen trieb.
Damit geht die Karriere in Betten schneller vonstatten, als der Wille eine Schule zu besuchen, um noch irgendwie einen beruflichen Einstieg zu finden, schneller ist das Problem im Kopf heran gewachsen, ohne dass es wahrnehmbar wird, doch zum Kinderkriegen reicht es allemal, dann würde sich ein Backfisch mit den urtümlichen Pflichten einer Frau, Mutter zu werden, anfreunden dürfen, bis wieder die Jungs daher gelaufen kommen, ihr ein „bisschen unter die Arme zu greifen", weil jeder ihr derselbe hervorragende Gandalf zu sein scheint, der ihr Leben bereichern will.
Dann heißt es nicht mehr, das Kind an erster Stelle, sondern für einen neuen

„Kompromiss" niemand vorher auf die Karten geschaut, Augen zu und durch. Ein Stadtmädel hatte das schnell raus, das sich selbst belügen, und hat es ihr geschadet ? Dann lernt die kleine Tochter das Lügen früh auch. Eine ganze Stadt hatte gewetteifert, der Mutter die verkehrte Welt vor zu machen, dann kehrt sie jetzt alles um, und belügt die Welt.
Jede Anfangsbeziehung kann das sehr angenehm empfinden, sich mit der Lüge gemeinsam zu arrangieren, bis der erste Rahm geschöpft, und die Frau sieht, der Neue in ihrem Leben benutzt und manipuliert die Leute wie es ihm passt, weil ihm gerade die Felle wegschwimmen, und er altert, und das einzige, was seinen Ruf in der Gesellschaft rettet ist, dass ihm eine fremde Frau vom Fleck weg einfach so ihr Kind anvertraut, und aufschaut, obwohl es keinen triftigen Grund dazu gab, einen der quasi von der Straße kam, ins Vertrauen zu ziehen, weil es immer für einen Mann einen Grund gegeben hat, auf der Straße zu landen, eine Geschichte, die er mit sich schleppt.
Im Versuch eine extrem paranoide Sau in der Zwangsjacke
wird vielleicht zu einer intensiven, mystischen Erfahrung,
vormals bekannt als spirituellen Ekstase
hat auch zu nichts geführt, aber war ein Versuch wert..... !

Keine Sorge, wir haben mit ihr geredet,
ob sie sich voll machen soll, aber wir haben es ihr ausgeredet !
Keine Sorge, es ist gut zu wissen, dass sie ihren Säugling schlägt,
das Kind wird früh den Ernst des Lebens
wie eine Cholerische Mutter kennenlernen.
Keine Sorge, sie will sorglos leben mit Mann,
der ist ihr aber davon gerannt, nur streitet sie sich mit der Nachbarin.
Keine Sorge, sie ist gewöhnlich nicht aggressiv,
auch Mütter haben ihre Sorgen.
Keine Sorge, keine macht sich Gedanken
um sie, da sie eine "Krankheit" besitzt,
die sie zu Paranormalen Fähigkeiten beruft,
also habt Acht, sie kann auch anders werden !

Stand mit dir unter dem Kirschbaum,
egal was deine Frau dazu gesagt,...
ich wollte dich nun lange küssen,
auch Fremdgehen nicht mehr missen,
was tut's zur Sache, dass mein Name "Tiffy"
wie mein Hund, und dass ich kugelrund,
dein Schwanz ist mir Bestechung,
dem ich niemals entsagen will,
nach Eiszeit, Kriegsschauplatz und Alleinsein,
werd ich diese Zeit des Fremdgehens nie vergessen !
Du bist die Liebe ! Lass die Tassen fliegen.
Du bist mein Leben ! Alles fliegt weg, wer was dagegen ?
Du hast getötet ! Ich würde dir alles vergeben !
Du musst nur nahe bei mir bleiben,
ich schwöre auch Dicke haben Gefühle !
Der Haifisch hat es mir gesagt, ...
Wir werden nie leiden !

Wieviel % Garantie gibt es drauf, dass die Menschheit in Chaos, Hungersnot
und Barbarei umkippt, wenn Trump gewählt wird ?   - 100 %

Wieviel % Sicherheit gibt es drauf, dass der von ihm verursachte Schaden
WELTWEIT wieder gerade gerückt würde ?   - Keine

Wieviel % Häufigkeit hingegen gibt es, dass Menschen vom Blitz getroffen
werden ? In Deutschland Wahrscheinlichkeit 1 zu 20.000.000, also 4x/Jahr !

Der Betrüger, welcher in der Großen Weltpolitik mit mischen will,
sollte nicht den magischen Hahn ins Spiel bringen, der nur ihm allein
"Goldene Eier legen kann", weil das betrifft nur dessen Familie dann... !!!
Wer das nicht versteht, besser noch, er malt allen anderen,
die ihm sein Geld eintreiben selbst, die Wände schwarz an,
dass ihnen der Traum von Amerika - ein Witz sein kann !!!

Ich bin doch kein
Eingeborener Platzhirsch für Kerle !
Ich bin keine Kommunikationslose Ziege !
Ich bin kein Barfußläufer im Schnee !
Ich bin kein Lagerfeuer Friedens pfeifer !
Ich bin keiner, der hinter'm Baum lauert !
Ich bin kein heilig gesprochener Sänger !
Ich bin keiner, der nachts um andere spannert !
Ich bin kein Weißbart mit Schmierbauch !
Ich bin kein Holzscheit zum Spalten !
Ich bin keiner der Phrasen drescht und nach Fasern zerhackt.
Ich bin kein Treffer für zwischen die Augen !
Ich bin kein Konsument vom Klarsten Selbst gebrannten !
Ich bin kein Bärenfellträger !
Ich bin kein Kartenfalschleger !
Ich bin kein Kann-mich-mal-
Ich bin kein Gallenblasenstein Entferner !
Ich bin kein Feuerstein gucker mit Brille !
Ich bin kein Quacksalber mit Akupunktur Kenntnis !
Ich betreibe keinen Handel mit dem Stierblut alter Väter !
Ich hab kein Verjüngungskonzept weiter zu leiten !
Ich bin kein Anwalt für hoffende Hoppedihopp Freunde !
Ich bin der Ente gewahr und halte sie nicht für einen Kuckuck !
Ich halte den Tamilen nicht für einen Südamerikanischen Indio !
Ich habe kein Jucken im Schritt, höre ich was von Politik !
Ich bin kein Softie, der seine Mädels gern mal erschrickt, die es wollen !

Der Oberste Gott der Wikinger hier nennt sich aber …. ihr ahnt es nicht :
„FRANKIE THE PAN !"
Nicht wegen seiner Panflöte, auch nicht weil er Gott des Pan wär,
nein, weil er immer eine Pfanne dabei hat,
mit der er sich bei allen anderen verteidigt,
indem sie die auf den Kopf bekommen,
statt dass er einen Topf mit sich herum trägt !

Oh schöner Weg, ich habe die Zeit verloren, in dir zu gehen, ich weiß nicht, ob ich ein Fremder geworden bin oder ob du meine Tage vergessen hast. Oh Sterne, schaut mich nicht mehr an, denn der Mond ist mein Freund und ich möchte ihn nicht traurig sehen.

Es ist wie dir jeder Mond sagt,
dem Traurigen, zu dem er sprach,
dein Verbündeter wird dir im Traum
wieder kehren, und das viele male.
Es ist kein Leben, das unter dem Mond
für ihn einfach zusammen sackt.
Die Begegnung mit einer Frau,
warum nicht soll dir dies wieder fahren !

Wildgänse
haben mich einmal adoptiert
Ich sehe sie jedes Jahr auftauchen
ihr Kommen und Gehen
und finde Frieden in meinem Herzen.

Leider verbessert sich der Zustand
Europäischer Gewässer nicht wirklich.
Der Chemische Zustand hat sich zu allen Maßnahmen
dennoch etwas mehr verschlechtert.
71% der Gewässer = in keinem guten Zustand,
besondere am Rhein und an der Donau,
betroffen machen Dürre und Überschwemmungsperioden
eine Lösung wäre weniger Einleitung
von Pestiziden und Schadstoffen
bessere Nutzung von Salzwasser
die Ressourcen nachhaltig schonen
bedrohte Ökosysteme und Feuchtgebiete
wie Moore oder Flüsse zu renaturieren...
das Europäische Grundwasser aber ist in einem guten Zustand !

Die Welt braucht keine über Mutter
braucht keine familiäre Kontrolle
braucht kein Generationen übergreifen
braucht aber .... die Warnung davor,
dass junge Leute von heute
es weitaus besser können,
die deren Klugheit selbst einsetzen,
für ein unbestimmtes Leben,
und natürlich auch davor gewarnt sein können,
nicht anderen sondern sich zu dienen !
Es ist die sagenumwobene
dafür stehende ....
FREIHEIT DES DENKENS !

Ich meine, der Vorteil sich von einer
kaltblütigen Familie abzulösen,
ist nicht von unbedingter Komplikation,
man geht einfach, auch immer weiter.

Die vier, fünf, sechs, sieben kleinen Deja vus,
kaum ausschlaggebend, sie zeugen von den Momenten, wenn's hilft,
in denen fest gestellt wird, dass auf der Basis Rückkehr nichts mehr wächst.

SEID VORSICHTIG, MIT DEM, WAS IHR HERAUF BESCHWÖRT;
ES KANN DIE REVOLUTION SEIN; DIE IHRE EIGENEN KINDER
FRISST !

Man musste mehrfach dazu langzeitigen Hunger in Kauf nehmen, beinahe
in die immer selben Löcher treten, oder nicht, das Band zur Familie endlich
aufgeben, mit der hinzu gewonnenen Freiheit der Gedanken, sich der
Vergangenheit stellen, das ist ganz normal, das Band zur eigenen inneren
Mutter knüpfen, und keine helfende Hand dazu benötigen.

Am Ende wird die globale Erwärmung
die Menschheit töten.
Die Menschen werden glauben,
die Herren ihres Schicksals zu sein,
aber das ist nichts als eine naive Illusion.
Genauso wie in Urzeiten, als die Dinosaurier hofften,
dass der nahende Einschlag, dass Asteroiden
sie nicht behelligen könnten,
und so kauten sie weiter ihre Gräser.

Die meisten haben sich vor mir enthalten oder verstellt,
sich in abweisenden Abstand eigens beweihräuchert,
für Mystisch erklärt, nur ihre eigenen Mütter zu verleugnen,
deren Verdienstbescheinigung
als eines für "Herausragende Verdienste" vorgelogen,
sich tunlichst nicht deren Müttern gezeigt,
anderen die Namen ihrer Nachbarn
geheim gehalten, auch die alten Namen,
sich ein Leben lang gedrückt,
und sich bemüht, in ihrer eigenen Wichtigkeit,
sich nicht der Wahrheit zu stellen,
aber im Dienst der "Sache" zu sein,
hielten sich für Inhaber vom Glück,
auf der „sicheren Seite" zu sein,
und belogen nicht nur andere damit,
nie auf der Suche danach zu ergründen,
warum ich zaubern kann und fliegen,
der man die Arbeit verweigert hat,
und ergründen in Wirklichkeit niemals,
was mir und meinem Kind je widerfahren ist.
Ich habe gelernt, ich und mein Sohn müssen uns aber damit abfinden,
zu existieren, auch ohne Antworten zu bekommen,
denn unser Leben muss weiter gehen.

Erbärmlich ! Erbärmlich !

Ein Mörder im Bunde....
laut Trump nur mal hier mal da
vergewaltigt, Frauen beiseite geschafft,
die Familiendynastie schafft auch beiseite,
und rafft alles an Lug und Betrug zur Seite,
dann irgend eine neue eingesetzt,
der Kopf aber eines Vergewaltigers ist....
wie der eines Mörders immer im Kreis,
triggert es ihn ständig, erneut zu vergewaltigen,
weil er hat keine Freunde, weniger als Feinde
weil er im Stillen ungeliebt beichtet:
"Nach jeder Tat habe ich endlich wieder was gefühlt !"
erbärmlicher kann sich also ein Triebtäter nicht outen,
nicht beichten, was ihn zur Tat jedes mal erneut bewegt.

SOLDAT ?
WOLLTE MICH JEMAND DAZU MACHEN ?
MICH ALS FRAU ZUM US-GI ?
soll ich nochmal kräftig lachen, nach 47 Jahren sexuellen Übergriffs ?
Wo ich immer wusste,
dass KEINE FRAU in USA, in Deutschland, in Vietnam,
in Australien sogar vor derer Übergriffen
GEFEIT ?
soll ich nochmal kräftig lachen, Mister RAMSTEIN ?
nach 2016 war selbst FOXY LADY NEWS Rogers
am ENDE ------------hihi Mein Körper gehört nur mir allein !

Ich habe noch nicht darüber gesprochen,
welcher Vergewaltiger in meinem Leben
Fahrerflucht begangen hat !
Aber ich war mir schon immer bewusst,
dass jetzt die Zeit dafür gekommen war !

ANDROHUNG VOR VERÖFFENTLICHUNG !
An die heilige politische Botschaft des Wahlkampfs -

"Wir sind für Zukunft"
marginalisieren, diskriminieren, abschießen, entkleiden, unter finanzieren, ...

"Wirtschaft ankurbeln"
soziale Bereiche unter besetzten, medizinisch unter versorgen,
Arbeitskraft unbezahlt zu Arbeit "überreden"

"Arbeitsplätze sichern"
mobbende Gewalt am Arbeitsplatz, aussieben kritischer Angestellten,
mundtot machen und entlassen

"Beschäftigte entlasten"
sexistische Übergriffe allein Erziehender, konfrontative Beleidigung im
Arbeitsalltag, Inkompetenz in der Anrede, aggressives Einschüchtern,
Verleugnung der Tatsachen, Androhung vor Veröffentlichung !

"FRAU GESTERN !"
was war immer mal früher die Erfolgsgeschichte von Ihnen ?
Sie waren das kleine Schulmädchen.
Sie fanden keinen anderen Ausweg,
als der Familie, der Partei treu zu bleiben.
Sie fanden sich nie "weg vom Stall".
Sie waren der Augapfel ihres Patriarchen.
Sie kehrten immer wieder zurück.
Sie wehrten sich nie … gegen aufgezwungene Werte.
Sie mussten kein Kind allein erziehen.
Sie wehrten den Mann als solchen nie ab.

Es ging immer schon linientreu geradeaus.
Man hatte auf Phrasen immer Verlass.
Der Schlagerstar "Heino" auch, zwar blind auf einem Auge, aber der Star !

Gut zu wissen, ...
ich musste nie an dem Gedanken
zu Grunde gehen,
an meiner Menstruation pleite zu gehen,
ich habe nie Tampons benutzt !

Gut zu wissen, ...
ich musste mir nie nen Kerl angeln
zum Test die Pille ausprobieren,
an deren Hormon Überschuss,
sich damit mein Kinderwunsch erübrigte,
ich habe einfach ein Kind "gemacht" !

Gut zu wissen, ...
ich musste nie einen Schwimmkurs belegen
zu Güterletzt, den Tanzkurs bestehen,
im geschminkten Zustand
auf Männerfang gehen,
ich habe einfach keinen Kerl gesucht !

Tampons, Pillen, Kerle entsprechen nicht meiner Natur.

Schwangerschaftsverhütung
für Männer:
am besten die Frauen
gar nicht mehr aus freiem Willen,
oder aus gewalttätigem Übergriff,
so oder so nicht mehr penetrieren !

Ich denke, das mit dem Schwängern
sollte immer noch allein den Frauen überlassen werden,
ihre Entscheidungen darüber zu fällen,
was nicht von einem Penis abhängt,
dennoch aber von der reifen, intellektuellen Leistung diesbezüglich.

Wie bastel ich mir.....
den Idealen Mann ?

Es muss was sein aus Backpulver.
Das Produkt ist natura, also billig,
nicht als Fake-Viagra-Rosa verpackt.
Es muss wie alles rund um den Mann
ein "All-In-One-Produkt" sein,
also ein "Mann für Alles" !
Es muss einer sein, der Frauen
nicht alles als bereits "für den Mann"
erfunden anpreist oder verkauft.
Es muss ein MENSCH sein,
der bereits den Sprung vom Neandertaler
zum heutigen Mann gemacht hat,
ohne Gewaltanstrengung den frontalen Kortex
in Gebrauch nehmend,
dass die Frau, genau wie er, ein MENSCH SEI !

Manche Leute sagen immer, nachdem sie ein oder zwei Bücher verfassten,
"Nun steh ich aber unter Druck, der Welt zu beweisen,
dass ich noch irgendein Buch schreibe, wie steh ich sonst da ?"

Was aber sage ich, die der Welt bewiesen, laut der Website heikethieme.de
ersichtlich, ich habe mit englisch und deutsch zusammen, etwa 125 Bücher,
doch die Geier Verlage, es außergewöhnlich kontraindiziert finden, mich zu
veröffentlichen, das halte ich derweil für ein außerordentliches
KOMPLIMENT ... normale Verlagshäuser, Händler in mir KONKURRENZ
sehen, dass sie mich fürchten müssen !

Der Mensch ist nun mal auf der Reise, zwischen Urzeit und heute,
gereist auf seinem Furz, dessen einzig Bewusstsein ihn am Grab erinnert,
dass er beiläufig zwei Dinge vor'm Tod zu wissen verstand, den Furz und
was er dafür gefressen hat ! Fliegen aber hat damit keiner gelernt.

ASYLANTRAG – ERSUCHUNG !
Sieh an, das Kind sucht Asyl.
Wisst Ihr wie das geht ?
erst sucht es die Insel ab, ob es noch eine Familie gäb,
aber es gibt sie nicht.... grün und blau gehauen,
sucht es Asyl bei jedem Nachbarn, Pferde haben es blau gehaun,
raus ins Leben geprügelt,
von Vergewaltigern blau gehaun,
Flucht und Untertauchen, Entkommen
dann vom Staat raus geworfen,
keine Papiere, keine Unterstützung,
wiederum fünf Wochen hungern,
raus aus dem Land wieder und wieder,
Neu Anfang, familiäre Denunziation,
und Kind geklaut, Frau sucht wieder Asyl,
in jedem erwählten Job und Beruf, keine Arbeit,
aus dem Haus gestalkt, und noch verfolgt,
im neuen Haus von einer Irren neun Jahre gequält,
inzwischen immer noch Single und Schriftstellerin,
in dieser christlichen Mische,
.... nur der Verstand hat sie aus ALLEM raus gehau'n !

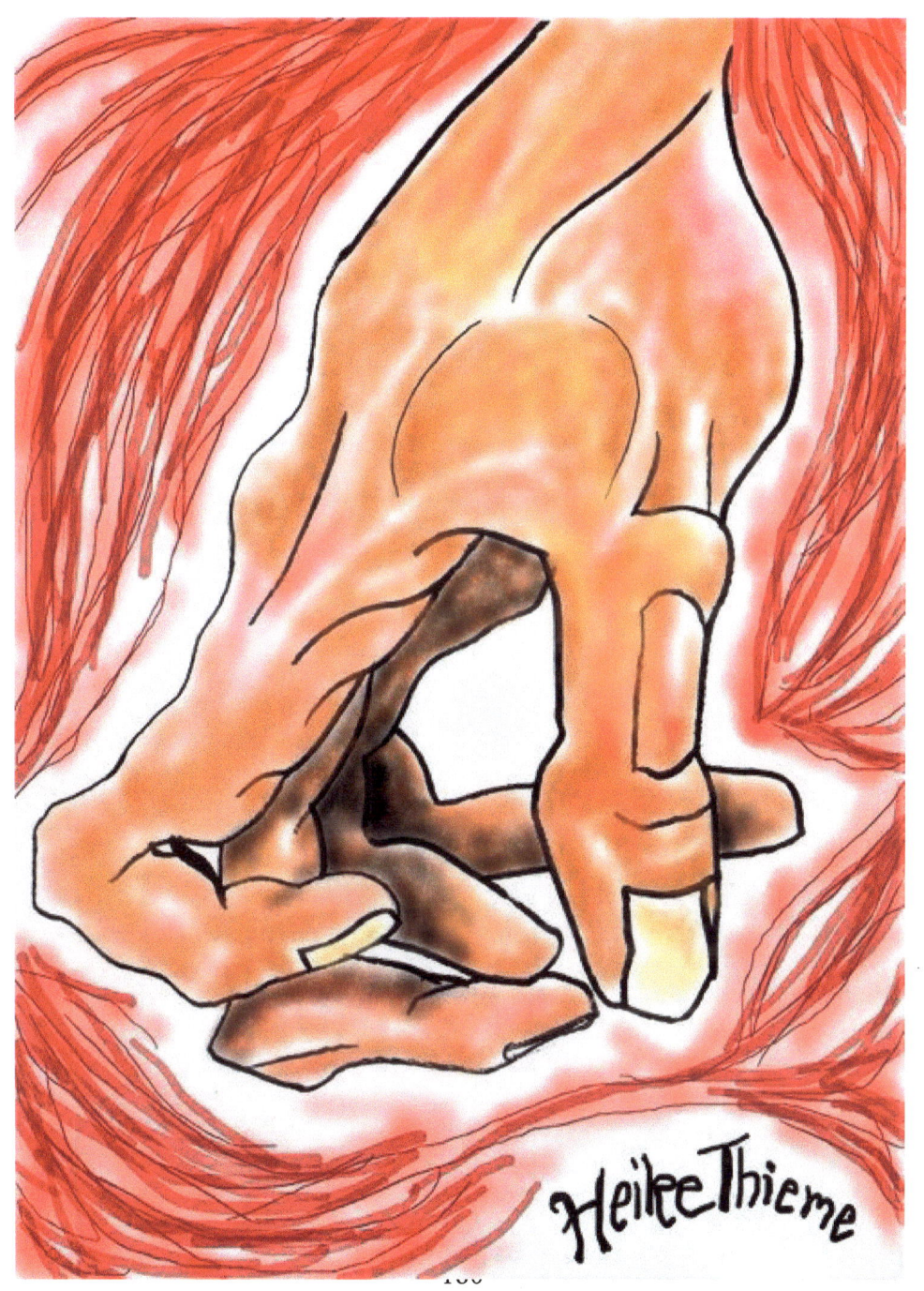

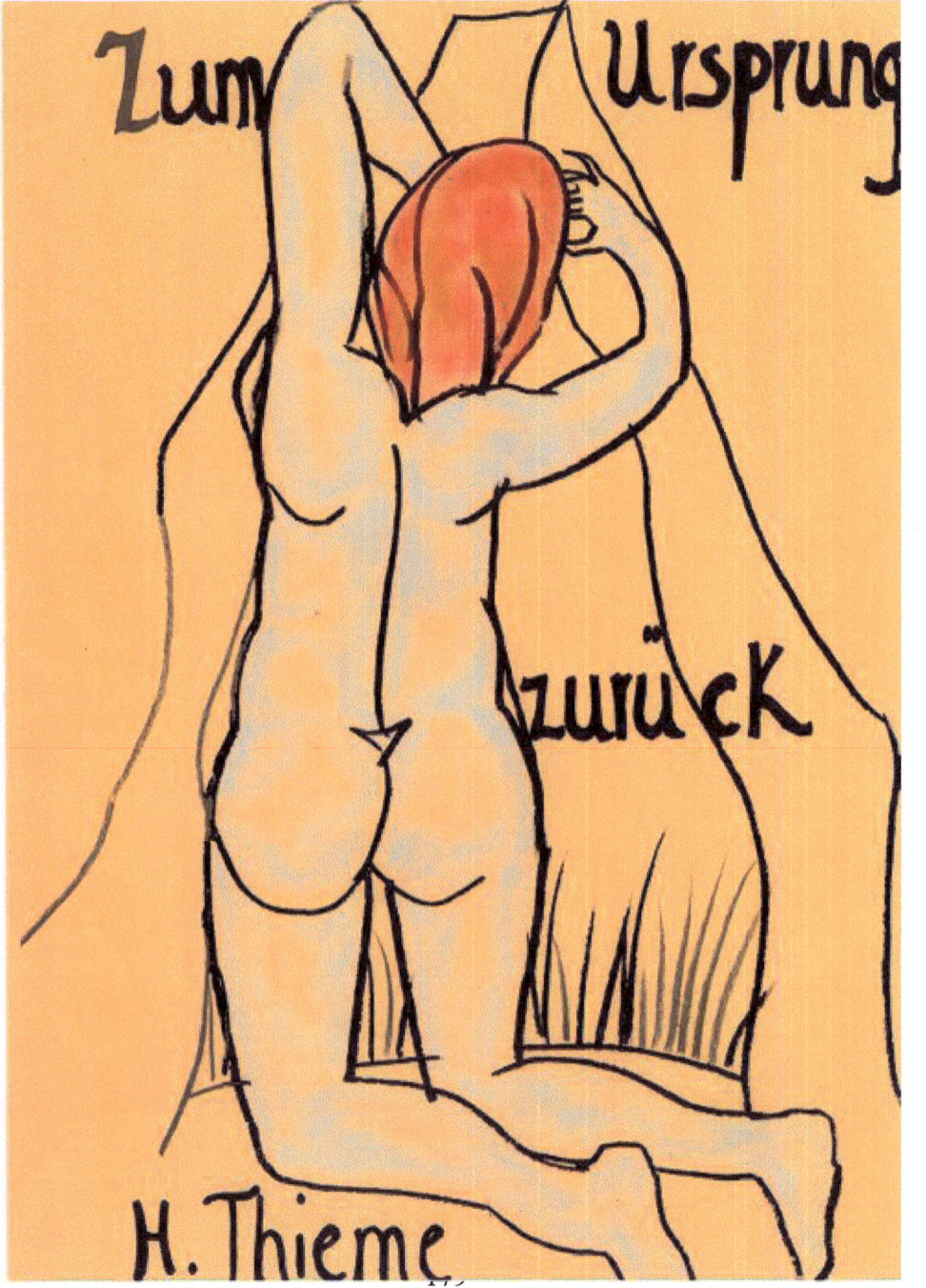

Zum Ursprung zurück

H. Thieme.